時尚・可愛・慢步樂活旅

巴黎

這是什麼呢？

（答案見P2）

Lala Citta 是義大利文的「城市 =La Citta」，

和享受輕快旅行印象綜合而成的用語。

書中匯集了法國雜貨、美味的小餐館、

遊逛美術館、跳蚤市場尋寶等…

不可錯過的旅遊時尚新主題

當你在想「今天要做什麼呢」時

就翻翻這本書吧。

歡樂旅遊的各種創意都在書中。

Lala Citta
巴黎
Contents

旅行Happy Advice ····················· 4
區域Navi ····························· 7
7天5夜的標準行程 ··················· 10

觀光焦點

艾菲爾鐵塔 ························· 19
巴黎聖母院 ························· 20
加尼葉歌劇院 ······················· 21
凱旋門／聖心堂 ····················· 22
巴黎伴手禮 ························· 23
美術館的必看作品 ··················· 24
巴黎女子的推薦店家 ················· 26
精緻美食 ··························· 30

購物

提升女人味的配飾 ··················· 36
巴黎兩大精品店 ····················· 40
法國雜貨 ··························· 42
巴黎香氛 ··························· 44
手工藝材料店 ······················· 46
文具 ······························· 48
餐具＆廚房用品 ····················· 50
講究美食 ··························· 52
跳蚤市場 ··························· 54
市場 ······························· 56
玻璃拱頂商店街 ····················· 58
老字號百貨公司 ····················· 60
超市＆藥妝店 ······················· 62
column BIO商店 ····················· 64

遊逛

塞納河遊船 ························· 66
香榭麗舍大道 ······················· 68
歌劇院地區 ························· 70
聖多諾黑街 ························· 72
夏特雷—磊阿勒 ····················· 74
瑪黑區 ····························· 76
巴士底 ····························· 78
聖日耳曼德佩 ······················· 80
拉丁區 ····························· 82
蒙帕納斯 ··························· 84
蒙馬特 ····························· 86
西堤島／聖路易島 ··················· 88
column 聖馬丁運河 ··················· 90

美食

絕品甜點 ··························· 92
極品巧克力 ························· 94
法式糖果 ··························· 98
老舖咖啡館 ························· 100
茶點沙龍 ··························· 102
小餐館 ····························· 104
小酒館 ····························· 106
星級餐廳 ··························· 108
酒窖餐廳 ··························· 110
烘焙坊 ····························· 112
column 熟食 ························· 114

追加行程

羅浮宮博物館 ······················· 116
奧賽博物館／橘園美術館 ············· 120
依主題別參訪美術館 ················· 122
法國繪畫 ··························· 124
夜間娛樂 ··························· 126
電影拍攝地 ························· 128
巨匠的藝術建築 ····················· 130

住宿

小型飯店 ··························· 132
巴黎市中心的飯店清單 ··············· 134
公寓式酒店 ························· 137
旅遊資訊 ··························· 138
出入境資訊、交通、自選行程、貨幣、旅遊季節、
電話、規矩＆禮儀、突發狀況等
美食指南 ··························· 152
行前準備memo ······················· 154
Index ····························· 156

別冊①MAP

可以拆下使用

巴黎廣域地圖……………………………2
凱旋門～香榭麗舍周邊……………………4
歌劇院周邊…………………………………6
艾菲爾鐵塔周邊……………………………8
聖日耳曼德佩周邊………………………10
瑪黑區～巴士底周邊……………………12
蒙帕納斯～拉丁區………………………14
帕西………………………………………16
聖馬丁運河………………………………17
協和廣場～歌劇院………………………18
聖日耳曼德佩……………………………20
瑪黑區……………………………………22
蒙馬特……………………………………24
MÉTRO．RER路線圖 ………………………26
情境簡單會話……………………………28

別冊②從巴黎出發的小旅行

聖米歇爾山………………………………2
凡爾賽宮…………………………………8
沙特爾……………………………………14
漢斯………………………………………16
法國國內交通……………………………18

〔 本書的標示 〕

ⓔ 有懂英語的員工
Ⓔ 有英文版菜單
Ⓡ 有餐廳
Ⓟ 有泳池
Ⓕ 有健身房

交 交通
M 地鐵站
住 地址
H 飯店
☎ 電話號碼
時 開館時間、營業時間
休 公休
料 費用
URL 官網網址

〔 其他注意事項 〕

○本書所刊載的內容及資訊，是基於2014年7～8月時的取材、調查編輯而成。書籍發行後，在費用、營業時間、公休日、菜單等營業內容上可能有所變動，或是因臨時歇業而有無法利用的狀況。此外，包含各種資訊在內的刊載內容，雖然已經極力追求資訊的正確性，但仍建議在出發前以電話等方式做確認、預約。此外，因本書刊載內容而造成的損害賠償責任等，弊公司無法提供保證，請在確認此點之後再行購買。
○地名、建築物名在標示上參考政府觀光局等單位提供的資訊，並盡可能貼近當地語言的發音。
○休息時間基本上僅標示公休日，省略復活節、聖誕節、新年期間、夏季歇業、國定紀念日等節日。
○費用的標示基本上為成人的費用。

〔 本書的用法 〕

▶類型檢索

區分為「觀光焦點」「購物」「遊逛」「美食」「追加行程」「住宿」等6大類型。決定好旅遊目的話，即可從中選擇符合自己的主題。

區域檢索

當有符合頁面內區域的店家和景點時，區域名便會出現標示。當你想到「我現在人在○○，這一帶有些什麼？」時，就可以由這裡反向檢索過去。

小小資訊和小小知識

介紹和該頁面的主題和景點相關的有用資訊以及旅遊的知識。

知道賺到
旅行

以下是多位巴黎達人及本書編輯針對當地的交通、
觀光好康資訊和旅遊小訣竅等所提出的建議。
只要在出發前掌握重點，就能讓旅程更加充實！

Happy Advice

Advice 1
" 觀光客的代步工具
自行車租借「Vélib'」"

2007年由巴黎市所開辦營運的租借自行車Vélib'
（→P145）。雖然使用前必須在自行車租借站的機器登
錄資料，但只要登錄完成，便能在任何據點租借。巴黎
一共有超過2萬輛的自行車提供租借，也可騎至目的地
附近的租借站還車。30分鐘內免費，所以可當成觀光
的代步工具，
積極運用。
（攝影師／
堀之內泰史）

注意車速不可過快

租借前請先檢查自行車的狀態

Advice 2
"用餐時間的位子
先搶先贏！"

巴黎熱門餐廳的週四～
六晚餐時段，通常早在1
個星期前便已訂位額
滿。不過由於巴黎人一
般來說晚餐吃的較晚，
若是晚餐時段翻桌兩輪
的店家，訂19時開始用
餐的話，說不定還有機
會能預約到。此外，臨
時取消訂位的狀況也很
常見，請店家幫
忙列入候位名
單也是個方
法。（美食
記者／伊藤
文）

1

1．外帶熟食也相當推薦
2．有不少人喜歡花上時間在餐廳悠閒享用佳餚

Advice 3

"週日就來去跳蚤市場、美術館 或是安排一場野餐"

在擁有眾多天主教徒的巴黎，多數店家多選在安息日的週日公休，但對自由時間較少的觀光客而言，任何時間都必須善加利用。既然這樣就前往週日照常開館的美術館和只有週末才舉行的跳蚤市場吧，或是來個野餐，體驗在地巴黎人的生活氛圍。（作家／橫島朋子）

1.三大美術館（→P116～121）於第一個週日全館免費開放參觀
2.若天氣晴朗，出門野餐就是巴黎人最愛的行程
3.在猶太人居多的瑪黑區，有許多週日也照常營業的店家

Advice 4

"用划算的巴黎博物館 通行證巡訪美術館"

巴黎博物館通行證（PMP）是指能在巴黎市內和郊外超過60間的美術館和觀光景點使用的便利通行證。不需在售票處排隊買票，有效期間內還可不限次數入館，若預定要參觀3～4個以上的設施就相當值回票價。除了各大加盟博物館的售票處能買得到外，也可在旅客服務中心（→P150）等地購買。

URL en.parismuseumpass.com/ （編輯部）

種類：2天 €42 ／ 4天 €56 ／ 6天 €69

(以上三種皆須連日使用)

可通行的主要設施	使用訣竅
橘園美術館 → P120 奧賽博物館 → P120 凱旋門 → P22 克呂尼中世紀博物館 → P122 巴黎聖母院的塔樓 → P20 龐畢度中心 → P74 羅浮宮博物館 → P116 羅丹博物館 → P123	・許多美術館多選在週一、二休館，安排行程時請避開週一、二造訪。 ・由於可多次入場，可連日參觀有興趣的美術館。凡爾賽宮也包含在通行證內。

背面有可利用設施的列表

Advice 5

"一年有兩次Solde！請瞄準1～2月、6～7月"

若想在巴黎享受受划算的購物樂趣，推薦1～2月、6月底～7月的Solde（折扣季）期間前往。雖然法國法律明文規定必須要有約5星期的折扣時間，但也有部分店家例外，若有明確的目標店家，建議事先詢問比較保險。（攝影師／Nina Laszlo）

櫥窗上會寫上大大的「Solde」文字

Advice 6

"關於廁所的二三事"

為了改善在巴黎找不到廁所的情況，高級的收費公廁Point WC因而誕生。雖然使用1次需花上€1.50～，但能享用環境清潔又漂亮的個人空間。另外，Toilettes／Acces Gratuit則是可免費使用的公共廁所。（作家／Hiroyuki MORITA）

還可購買Point WC的捲筒衛生紙

Point WC很受歡迎，有時甚至還得排隊

出發前 check！

巴黎 Profile

聖米歇爾山

凡爾賽宮

○正式國名 名稱
法蘭西共和國 巴黎

○人口／面積
約227萬人（2014年）
約105平方公里

○語言
法語

○貨幣與匯率
€1≒約33.5台幣
（2015年6月時）
貨幣的種類→P146

○時差
－7小時
※比台灣晚7小時。3月最後一個週日～10月最後一個週日為夏令時間，此時與台灣的時差為－6小時

○小費
基本上不需要。
咖啡館和餐廳結帳時都會內含服務費。若有接受特別的服務，可支付一點小費聊表心意。不過，

對於飯店和機場的門僮等服務人員就有給小費的習慣。

○最佳旅遊季節
初夏（6・7月）和秋季
（9・10月）
氣溫和降雨量→P147
節日→P147

○入境條件
台灣人可以免申根簽證方式進入法國，在180天內停留不得超過90天
護照和簽證細節→P138

巴黎
區域Navi

出發前 Check !

南北長8公里、東西寬11公里的巴黎市區，
面積約為台北的五分之二。
塞納河的北側稱為右岸，南側為左岸；
右岸是商業經濟中心，
左岸則是藝術文化氣息濃郁之地。

巴黎市區就像隻蝸牛

巴黎市以1區為中心，20個行政區
依照順時針方向排序。
因其形狀也被
比喻為蝸牛。

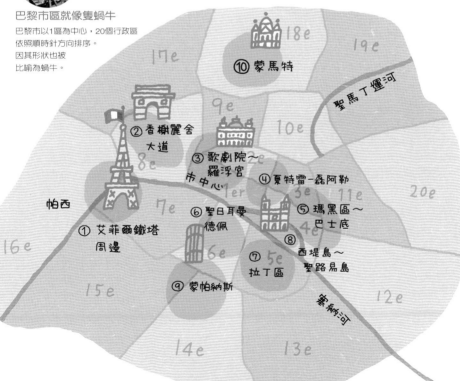

17e

18e

19e

⑩ 蒙馬特

9e

② 香榭麗舍
大道

10e

聖馬丁運河

8e

③ 歌劇院～
羅浮宮
市中心

2e

1er

④ 夏特雷-磊阿勒

⑤ 瑪黑區～
巴士底

11e

20e

帕西

7e

⑥ 聖日耳曼
德佩

⑧

4e

① 艾菲爾鐵塔
周邊

6e

⑦ 5e
拉丁區

西堤島～
聖路易島

16e

9e 蒙帕納斯

15e

14e

13e

12e

塞納河

1 艾菲爾鐵塔周邊 →P19
La Tour Eiffel/別冊①MAP●P8

綠意盎然的 中產階級地區

艾菲爾鐵塔的周圍還有戰神公園和夏佑宮等景點，營造出一片美麗景觀。西側的16區又稱為帕西，是巴黎數一數二的高級住宅區。

最近車站
交M6號線BIR-HAKEIM站、6、9號線TROCADÉRO站、6號線PASSY站

2 香榭麗舍大道 →P68
Champs-Élysées/別冊①MAP●P4-5

巴黎最美麗的街道

從凱旋門一路延伸至協和廣場的繁華大道，吸引世界各地的觀光客前來享受櫥窗購物的樂趣。夜間的點燈裝飾也很值得一看。

最近車站
交M1號線GEORGE V站、1、2、6號線CHARLES DE GAULLE-ÉTOILE站

3 歌劇院～羅浮宮 →P70
Opéra～Louvre /別冊①MAP●P6、P10

美術館和 百貨公司齊聚

歌劇院的周邊有百貨公司、高級食材店和飯店等設施，觀光客人潮眾多。精品店林立的聖多諾黑街，則連結起歌劇院一帶與綠意蔥蘢的羅浮宮博物館。

最近車站
交M3、7、8號線OPÉRA站

4 夏特雷—磊阿勒 →P74
Les Châtelet～Les Halles /別冊①MAP●P11

徹底融入 生活的藝術文化

以現代藝術發信地的大型藝術設施——龐畢度中心為主要地標，宏偉的巴黎市政廳也在夏特雷附近。

最近車站
交M4號線LES HALLES站、1、4、7、11、14號線CHÂTELET站

6 聖日耳曼德佩 →P80
St-Germain des-Prés/別冊①MAP●P10

感受歷史與文化氣息

塞納河左岸的代表地區。以聖日耳曼德佩教堂為中心，吸引許多文學家、哲學家和藝術家聚集。主要街道為聖日耳曼大道和漢恩街。

最近車站
交M4號線ST-GERMAIN-DES-PRÉS站

5 瑪黑區～巴士底 →P76
Marais～Bastille /別冊①MAP●P12

沉浸在巴黎風情 瀰漫的街景

部分的瑪黑區已被列入歷史保存區，保護中世紀的建築物。瑪黑區的東側即為巴士底，兩邊都有許多個性商店，是購物愛好者不可錯過的地區。

最近車站
交M1號線ST-PAUL站、1、5、8號線BASTILLE站

7 拉丁區 →P82
Quartier Latin/別冊①MAP●P11下、P15

充滿活力的學府區
以索邦大學為中心，洋溢著濃濃學術氛圍的熱鬧大學城。南側的慕夫塔市集則有「巴黎的胃袋」之稱。

最近車站
交M4號線ST-MICHEL站、10號線CLUNY LA SORBONNE站

8 西堤島～聖路易島 →P88
Île de la Cité、Île St-Louis/別冊①MAP●P11、P12

充滿歷史餘韻的巴黎發祥地
位於塞納河中央的西堤島被視為巴黎的發源地，歷史建築物林立。聖路易島上有許多保留往昔風情的建築物。

最近車站
交M4號線CITÉ站、7號線PONT MARIE站

9 蒙帕納斯 →P84
Montparnasse/別冊①MAP●P14

經濟和商業的重要據點
以蒙帕納斯大樓為據點的巴黎經濟商業中心。這裡還有蒙帕納斯墓園、地下墓穴等眾多景點。

最近車站
交M4·6·12·13號線MONTPARNASSE-BIENVENÜE站

10 蒙馬特 →P86
Montmartre/別冊①MAP●P24

藝術家鍾愛的丘陵地
位於巴黎北部小山丘上的街區。以聖心堂為中心的恬靜風景，吸引許多藝術家前來定居。周邊還有深夜也熱鬧無比的繁華街。

最近車站
交M2號線ANVERS站

郊外SPOT

©Christian Milet

● 聖米歇爾山 →別冊②P2
Mont St Michel

海上孤島般的修道院
周圍被海環繞的小島，以本篤會修道院聖地的聖米歇爾修道院為中心發展而成的地區。

● 凡爾賽宮 →別冊②P8
Versailles

華麗的宮廷文化遺產
可參觀歐洲規模最大的凡爾賽宮以及王公貴族的庭園，絢爛豪華的鏡廊也是不可錯過的焦點。

\and more…行程編排/

7天5夜的
標準行程

旅遊景點包羅萬象的巴黎，
光是7天5夜實在不太夠用。
以下介紹的標準行程是推薦給
第一次造訪巴黎的人。
請善加利用and more…行程備案。

·Day1   第一天先熟悉飯店附近的巴黎

✈台北出發的
直航班機

從台北出發的直飛航
班或是經香港、新加
坡等地轉機的班機，
多於巴黎時間的清晨
抵達。本書提供的行
程規劃為大略的參考
時間，請事先確認好
抵達巴黎的時間及住
宿地點在哪一區後，
再開始擬定計畫。

●17:00
抵達戴高樂機場

🚌 機場巴士約1小時

18:00
Check in歌劇院地區的飯店

🚇 MOPÉRA站步行1分

19:30
到飯店附近的小酒館吃晚餐
推薦▶Le Grand Café（→P106）

🚕 計程車10分

22:00
一面欣賞華燈閃爍的著名
景點，返回飯店

閃亮亮☆

Night Spot

1．艾菲爾鐵塔於日落後的每個
整點會有5分鐘的閃燈秀★
2．「Le Grand Café」的酥皮
濃湯
3．當香榭麗舍大道上的汽車展
示中心點亮燈飾，氣氛也隨之
變化

2

·Day2   巡訪巴黎的地標

●9:30
前往艾菲爾鐵塔觀景台（→P19）

👡 步行15分

11:00
於夏佑宮（→P19）拍攝艾菲爾鐵塔

🚇 MTROCADÉRO站到
MCHARLES DE
GAULLE-ÉTOILE站7分

11:30
參觀凱旋門（→P22）

Aux～Champs-
Élysées～

2

1

1．香榭麗舍大道的象
徵──凱旋門
2．從凱旋門的觀景台
眺望香榭麗舍大道

「Ladurée」（→P23）
也有販售艾菲爾鐵塔商品

↓ 〽 步行即到

● 12:00
漫步香榭麗舍大道（→P68）
＆咖啡館小憩
推薦 ▶ Fouquet's（→P68）

喝杯咖啡（Espresso）歇會兒

飯店的餐廳「Fouquet's」
非房客也可以進去喝杯咖啡

↓ 〽 步行20分

● 13:30
從亞歷山大三世橋
搭水上巴士Batobus
塞納河遊船（→P66）

[and more…
行程備案]
若要搭地鐵前往巴黎
聖母院，可從ⓜCON
CORDE站搭1號線在
ⓜCHÂTELET站下車，
走過兌換橋前往西堤
島，約需15分鐘

↓ 🚢 搭船15分

14:15
巴黎聖母院（→P20）

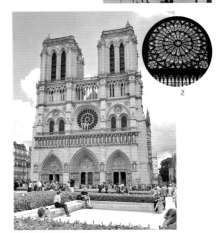

2

↓ 〽 步行5分

● 15:15
來點聖路易島的著名
冰淇淋休息一下
推薦 ▶
Berthillon Salon de Thé（→P89）

冰淇淋以甜筒外帶也OK！

↓ 🚋 ⓜPONT MARIE站到
ⓜANVERS站25分

16:00
漫步蒙馬特（→P86）

↓ 〽 步行20分

● 18:00
在雙磨坊咖啡館
品嘗艾蜜莉的法式烤布蕾
（→P128）

↓ 〽 步行2分

19:00
在紅磨坊享用晚餐
欣賞歌舞秀（→P126）

↓ 🚋 ⓜBLANCHE站到
ⓜOPÉRA站20分

道地的法國康康舞！

23:30
返回飯店

3

4

1.哥德式建築的巴黎聖母院
2.巴黎聖母院內部的彩繪玻
璃也是參觀焦點　3.藍天下
更顯耀眼的聖心堂（→P22）
4.Batobus繞行塞納河一周
約60分

體驗一下
「艾蜜莉」的滋味

將焦糖敲碎，感受一下
電影女主角的心情♪

5

欣賞「紅磨坊」的
華麗表演

©Moulin Rouge®S.Franzese

Day3 一整天沉浸在藝術饗宴中

晴空下的美味早餐♪

麵包和蛋糕
應有盡有♡

● 8:00
買麵包到
杜樂麗花園（別冊①MAP●P18B4）
吃早餐
推薦▶ Régis Colin（→P112）

步行12分

至少需花上
3小時參觀

9:00
配合開館時間到
羅浮宮博物館（→P116）

參觀3小時

12:00
在羅浮宮博物館內的
咖啡廳享用午餐（→P119）

步行10分

13:00
奧賽博物館（→P120）

步行10分

15:15
橘園美術館（→P120）

步行10分

16:30
到茶點沙龍小憩片刻
推薦▶ Angelina（→P93）

步行10分

17:30
回飯店休息
換上晚餐用的正式服裝

計程車8分

19:30
在米其林三星餐廳
享用晚餐
推薦▶ Epicure（→P108）

計程車8分

21:30
返回飯店

**[and more…
行程備案]**
若想在羅浮宮博物館
待久一點的話，就將
下午的時間安排給一
間博物館就好。要去
奧賽博物館的人，也
可選擇在博物館內的
「Le Restaurant」
（→P120）用午餐。

結合藝術的伴手禮

以名畫為設計的商品
很適合當作伴手禮

在「Angelina」
品嘗絕品美味的蒙布朗

連擺盤極具藝術品味的
三星餐廳料理

1. 麵包店內也羅列著各式蛋糕
2. 巴黎規模最大的羅浮宮博物館

Museum Hopping

©Paris Tourist Office-Photographer : Marc Bertrand

1. 奧賽博物館的參觀時間約需2小時，橘園美術館則需1小時
2. 也相當推薦「La Patisserie des Rêves」（P31）的甜點
3. 「Epicure」內的奢華空間

好好吃～

Day4 當天往返凡爾賽宮

極致華麗！

Versailles

[and more…]
行程備案]

若不去凡爾賽宮，而
想去聖米歇爾山（別
冊②P2）的話，建議
參加當地的旅行團。
若欲自行前往聖米歇
爾山，當天來回會有
些困難。

9:00
前往最近的RER車站

🚃 搭RER45分

9:45
抵達VERSAILLES-RIVE-GAUCHE–
CHATEAU DE VERSAILLES站

🎵 步行15分

10:00
參觀凡爾賽宮
&午餐（→別冊②P8）

🎵 步行40分

13:00
參觀大特里亞儂宮（→別冊②P9）

🎵 步行5分

14:00
參觀瑪麗‧安東尼宮苑（→別冊②P9）

🎵 步行即到

15:00
在瑪麗‧安東尼宮苑內小憩

🎵 步行5分

15:30
漫步庭園

🎵 步行30分

●**16:00**
在凡爾賽宮附近
尋找伴手禮（→別冊②P13）

方便又舒適

凡爾賽宮內可搭方便的
小火車代步

以宮殿採收的蘋果製成的糖果

1．絢爛奪目的鏡廊
2．金碧輝煌的宮殿入口大門
3．宮殿內的庭園百花齊放

由安德烈‧勒諾特所設計的庭園
費時約40年才完成

↓ 🎵 步行10分

17:00
返回VERSAILLES-RIVE-GAUCHE–
CHATEAU DE VERSAILLES站

↓ 🚃 RER45分

● 19:00
到「Frenchie Bar à Vins」
享用晚餐（→P110）

↓ 🚃 ⓂSENTIER站到
ⓂOPÉRA站6分

21:00
返回飯店

【and more…
行程備案】
旅行途中，若突然想
吃點亞洲食物的話，
不妨前往歌劇院區的
聖安娜街（→P73）
這裡又稱為日本街，提
供烏龍麵、拉麵等麵
類的日式餐廳櫛次鱗
比。

在超人氣小餐館的
姊妹店輕鬆享受美食

能品嘗葡萄酒搭配輕食的居酒屋風葡萄酒吧是
最新趨勢

⬥Day5 體驗巴黎女子的購物氣氛

將可帶來幸運的硬幣當作
護身符

● 8:50
一早先去奇蹟之金幣
聖母院（→P81）

↓ 🎵 步行8分

9:30
到花神咖啡館享用早餐（→P32）

↓ 🎵 步行即到

10:30
在聖日耳曼德佩
尋找巴黎雜貨＆巧克力
推薦 ▶ Servane Gaxotte（→P37）
Debauve & Gallais（→P96）

↓ 🎵 步行10分

12:30
漫步拉丁區
於餐館享用午餐
推薦 ▶ Le Buisson Ardent（→P83）

↓ 🚃 ⓂJUSSIEU站到
ⓂBASTILLE站15分

14:30
遊逛瑪黑區＆
巴士底的商店

1. La Cerise sur le Chapeau
（→P38）的帽子
2. 「Debauve & Gallais」的
巧克力連包裝也很可愛

1. 「Servane Gaxotte」的墜飾
2. 「Le Chocolat Alain
Ducasse Manufacture à Paris」
（→P94）的巧克力
3. 曾經是藝文人士聚集場所的
「花神咖啡館」

C'est
mignon

𝒮hopping

1

2
®Pierre Monetta

[and more…
行程備案]

對購物沒什麼興趣的人，可以去瀰漫在地風情的市場（→P56）或拱廊街（→P58）逛逛。若達週末也很推薦前往跳蚤市場（→P54）冒險。比起購物，更重視觀光的人，還可選擇去拉丁區的植物園或到蒙帕納斯感受藝術風情。

↓ 🚇 ⓂBASTILLE站到ⓂGONCOURT站15分

19:30
到人氣小餐館度過
晚餐時光
推薦 ▶ La Chateaubriand（→P105）

↓ 🚇 ⓂGONCOURT站到ⓂOPÉRA站20分

22:00
返回飯店

位於巴士底的日常用品店「Loulou Addict」（→P78）

Day6 最後一天就在飯店周邊逛逛

7:00
到L'Opera Restaurant
享用早餐（→P21）

↓ 🎵 步行20分

9:00
前往歌劇院區的
高級食材店（→P70）

↓ 🎵 步行20分

10:00
參觀加尼葉歌劇院（→P21）
或去百貨公司保握最後的
購物機會（→P60）

1

2

1.食品可於返國前一次買齊。照片中為「Baillardran」（→P70）的可麗露
2.瓶瓶罐罐等較重的東西也可考慮用郵寄

若要有效率地購物，就選方便採買的百貨公司

✈ 機場設施的 小補充

若打算將馬卡龍放進手提行李帶上飛機，屆時有可能在出境手續時遭海關沒收，所以若是在出境安全檢查前買好的話，建議放進托運行李內。通過戴高樂國際機場2E航廈的出境檢查後，往左手邊走還有馬卡龍名店Ladurée可以購買。

↓ 步行10分

11:00
返回飯店
收拾行李＆Check out

↓ 🚌 機場巴士1小時

·····● 12:00
抵達戴高樂國際機場
辦理登機手續

 洗練！

Opera Area

1.2.豪華絢爛的加尼葉歌劇院。位於歌劇院東側的「L'Opera Restaurant」能品嘗到二星餐廳出身的Christophe Aribert所監製的餐點
3.請留意時間盡量提早前往機場

·Day7 返抵國門

歡迎回家！ *Arrival*

8:35
抵達桃園國際機場

模擬旅程在此告一個段落。不妨參考行程備案，設計出自己特製的旅行計畫吧。安排好行程後馬上出發！

旅途中發現的回憶寶物 ♥

編輯親自走訪標準行程所列出的景點！

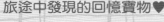

你看你看！

好想買回家收藏喔♡

好好吃喔～ (^u^)

掌心上的艾菲爾鐵塔
從夏佑宮（→P19）取景拍攝的艾菲爾鐵塔，成為旅行中的美好回憶。

可愛的飾品
「Servane Gaxotte」（→P37）的娃娃墜飾每一款都好可愛，讓人很難決定該挑哪一個。

出現在電影中的甜點
「雙層坊咖啡館」（→P128）的焦糖烤布蕾。用湯匙將焦糖敲碎，彷彿自己也變成了《艾蜜莉的異想世界》的主角♪

觀光焦點

艾菲爾鐵塔、美術館、小餐館…

透過不同角度感受包羅萬象的巴黎。

初次來巴黎的人絕不可錯過、

不管來幾次還是想再去的精選主題一次大公開。

化身攝影師，捕捉美好動人的巴黎街景！

尋找最上相的
巴黎美景

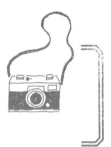

巴黎街頭隨處可見拍照景點，可以一面在街頭漫步，一面用鏡頭恣意捕捉屬於你的巴黎。
以下將介紹拍攝巴黎街景及5大象徵地標的訣竅。

📷 拍攝訣竅
可藉由調慢快門速度，來呈現出旋轉木馬的動態感，或是善加運用連拍功能

📷 拍攝訣竅
從亞歷山大三世橋（→P66）利用逆光來拍攝，就算只拍出艾菲爾鐵塔的輪廓也極具美感

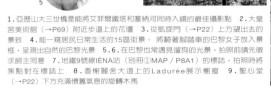

1.亞歷山大三世橋是能將艾菲爾鐵塔和塞納河同時入鏡的最佳攝影點 2.大皇宮美術館（→P69）附近步道上的花壇 3.從凱旋門（→P22）上方望出去的景致 4.能一窺居民日常生活的15區街景 　將騎著腳踏車的巴黎女子放入景框，呈現出自然的巴黎光景 5.6.在巴黎也常遇見遛狗的光景，拍照前請先徵求飼主同意 7.地鐵9號線IÉNA站（別冊①MAP／P8A1）的標誌，拍照時將焦點對在標誌上 8.香榭麗舍大道上的Ladurée展示櫥窗 9.聖心堂（→P22）下方充滿懷舊氣息的旋轉木馬

小小資訊　在地鐵內及人潮擁擠的地方，先將相機收進包包才是上策，事先做好方便取出和收起的準備。
可以的話就先定好拍照日，當天以輕裝上街。

第3觀景台 | **高 276m**

從北側能看到凱旋門

第2觀景台 | **高 115m**

南側的景色。可走樓梯下去

第1觀景台 | **高 57m**

從北側可一望塞納河

📷 拍攝絕竅

從戰神公園不論任何時段，都能以順光拍攝艾菲爾鐵塔的美麗景致

從戰神公園取景，即可拍出藍天綠地同時入鏡的必拍風景

從夏佑宮拍攝

為了1937年巴黎萬國博覽會而興建的宮殿（別冊① MAP●P8A1），可隔著投卡德侯花園取景

從戰神公園拍攝

位於艾菲爾鐵塔南側的公園。可隔著「和平牆」（別冊①MAP●P8B3）拍照

夜間的燈光點綴

日落後，每到整點便會有閃燈秀「Champagne Flash」，相當值得駐足欣賞

艾菲爾 | 別冊① MAP P8A2

艾菲爾鐵塔
La Tour Eiffel

巴黎最具象徵性的地標

1889年，為了紀念法國大革命100週年而舉辦的第3屆巴黎世界博覽會，所打造出的便是艾菲爾鐵塔。雖然當時因嶄新的鋼骨結構引來強烈的批評聲浪，但現在已成為巴黎景觀中不可或缺的存在。因宛如刺繡般的設計細節而有「鐵娘子」的暱稱。

DATA 交M6號線BIR-HAKEIM站步行10分 住Champs de Mars 7e ☎08 92 70 12 39 時9時30分～23時45分（樓梯～18時30分）。夏季連同樓梯皆為～24時45分。（入場時間到閉館前45分為止） 休無休 到到第2觀景台€9、到第3觀景台€15、樓梯到第2觀景台€5 ☑有懂英語的員工

🗼 **古斯塔夫‧艾菲爾**

打造艾菲爾鐵塔的高架橋工程師。經手過世界上最古老的百貨公司樂蓬馬歇（→P61）、紐約自由女神像的骨架以及里昂車站的建設工程。

位於北柱塔底的艾菲爾胸像

Point 1 3個觀景台

3個觀景台中，面積最大的是約4200平方公尺的第1觀景台。步行最高可至第2觀景台，前往第3觀景台則需從第2觀景台換乘電梯。

重新翻修後的第1觀景台，可感受透過玻璃地板俯瞰景觀的樂趣。

Point 2 4間餐飲設施

第1觀景台有「58 TOUR EIFFEL」，第2觀景台有米其林一星餐廳「Le Jules Verne」和輕食店，第3觀景台有「BAR A CHAMPAGNE」。

若要前往Alain Ducasse監製的餐廳「Le Jules Verne」請搭乘直達電梯。

Point 3 原創商品

艾菲爾鐵塔地面上的各個出入口和第1‧2觀景台都設有販賣艾菲爾鐵塔商品的「GODD Boutique Officielle de la Tour Eiffel」。

DATA 時9時30分～23時（夏季9～24時）休無休

1.鑰匙圈€9
2.書籤€3.20

1
2

Tour Eiffel Passy | Champs-Élysées | Opéra Louvre | Les Châtelet La Cité | Marais Bastille | St-Germain Q. Latin | Montparnasse | Monmartre

19

從塔樓眺望

可爬上387階樓梯登上塔頂。入口在左手邊，總是大排長龍

大教堂的內部

陽光透過彩繪玻璃灑落進大教堂內部

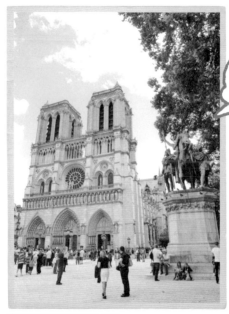

從大教堂前方廣場的西側取景拍攝

拍攝訣竅

以側面取景拍攝，避免過於平面的構圖。若以廣角鏡頭近距離拍攝，可顯現出動態感

夜間的燈光點綴

在黑暗中熠熠生輝的宏偉大教堂

大教堂的後方

支撐外牆結構的飛扶壁呈現出立體感

西堤島　別冊①MAP P11D3

巴黎聖母院
Chathédrale Notre Dame de Paris

矗立於巴黎發祥地的哥德式建築傑作

被讚譽為法國哥德式建築傑作的巴黎聖母院於1164年動工，歷經長年累月才在1345年竣工。雕刻在入口正門上的最後審判、以彩繪玻璃呈現的3扇玫瑰窗都很值得一看。每週六的20時～，還能聆聽到睽違20年才修繕完成的管風琴樂聲。

DATA　交Ｍ4號線CITÉ站步行2分　住Pl. du Parvis de Notre-Dame 4e　☎01 42 34 56 10　時8時～18時45分（寶藏室9～18時，塔樓入口10時～18時30分）※視季節而異　休無休　料免費，塔樓€8.50　※可使用巴黎博物館通行證（PMP→P9）　☑有懂英語的員工

拿破崙一世與巴黎聖母院

巴黎聖母院同時也是1804年拿破崙一世舉行加冕儀式的著名教堂。兩幅描繪加冕典禮模樣的大衛作品『拿破崙一世加冕禮』，分別可在羅浮宮博物館（→P118）和凡爾賽宮（→別冊②P11）欣賞。

Point 1

彩繪玻璃的玫瑰窗

入口正門進去後的右側南窗、左側北窗，分別描繪了新約聖經、舊約聖經的故事，背後的西窗則描繪坐在王座上的聖母聖子。

1.以玫瑰窗為設計理念的壁飾€15
2.散發紫色光芒的北面玫瑰窗

Point 2

奇美拉迴廊

連結南北塔樓的迴廊被稱為「奇美拉迴廊」，模仿希臘神話怪物奇美拉的雕像稱做石像鬼，為大教堂的守護神。

1.要前往迴廊請由北塔上層的參觀用入口進入

Point 3

聖母院的鐘

南塔有13噸的大鐘和各6噸的2座鐘，北塔有分別為0.7～4噸的8座鐘。除了大鐘外都是2013年為迎接落成850周年紀念時所設置，每個整點都會敲鐘報時。

1.《鐘樓怪人》中，描述著敲鐘人加西莫多愛上了愛絲梅拉達的情節

小小資訊　於歌劇院屋頂採集製作的歌劇院產蜂蜜和蜂蜜糖，可在「La Galerie de L'Opéra」購得。由於是十分受歡迎的商品，難免會遇到售完的情形。

拍攝訣竅
從地鐵的南側出入口可
拍到整棟建築，只要耐
心等候紅燈，就能避開
車輛入鏡

屋頂的浮雕

將鏡頭拉近拍攝屋頂的浮雕，
著重於雕刻細部

拍攝建築物正面的最佳位置是地鐵OPÉRA站的南側出入口

天花板畫

劇場擁有2167席，天花板
上繪有夏卡爾的作品『夢幻
花束』

建築物的內部

古典樣式的中央大廳，將天
花板畫和水晶吊燈一同入鏡

夜間的燈光點綴

打燈後閃耀著金
黃色光輝的建築
物。拍照時請留
意來往的車輛

歌劇院　別冊① MAP P19C1

加尼葉歌劇院
Opéra Garnier

吸引全球觀眾的富麗堂皇劇院

由拿破崙三世下令興建，於1875年完成的舞台藝術殿堂。
特徵為土耳其藍的圓頂，以及屋頂上置有阿波羅像、繆斯
像的巴洛克式與古典樣式融合而成的建築。圓頂的天井
畫、大理石階梯等豪華的內部裝潢，也都是不容錯過的重
點。

查爾斯·加尼葉
進入藝術學院就讀並榮獲
羅馬大獎（針對藝術學生
由國家授予的留學制度）
學成歸國後於36歲著手歌
劇院的建設，亦為法蘭西
學院的一員。

歌劇院西側，由Jean-
Baptiste Carpeaux所
製作的加尼葉像

DATA 交M3·7·8號線OPÉRA站步行1分 住Pl. de l'Opéra 9e
☎08 92 89 90 90 ※附導遊參觀☎08 25 05 44 05 時自由參觀
10～17時(7月中旬～8月為～18時) 休不定休(有表演活動時)
料€10 ☑有懂英語的員工

Point 1

歌劇院博物館
由5個小房間所組成的博物館，展示
歌劇的裝飾模型和服裝。
DATA時10～17時(7月中旬～8月為～18
時) 休不定休 料包含在劇院參觀內
1.還展有曾活躍於歌劇院舞台的歌劇
歌手肖像畫

Point 2

L'Opera Restaurant
為米其林二星主廚的餐廳，以法國傳
統食材做出現代創意菜。
DATA☎01 42 68 86 80 時7～24時
(午餐12～15時，晚餐18～24時)料早
餐€18～、午·晚餐€45～ 休無休
1.採現代風格的白×紅室內裝潢

Point 3

La Galerie de l'Opéra
位於歌劇院東側的小店，歌劇、芭蕾
的相關商品豐富。
DATA☎01 53 43 03 97 時10時～
18時30分 休無
1.鑰匙圈€6 2.Mariage Frères的
紅茶「THÉ À L'OPÉRA」€15

觀光焦點 巴黎美景❷巴黎聖母院／加尼葉歌劇院

香榭麗舍　別冊① MAP P4A2

凱旋門
Arc de Triomphe

📷 拍攝訣竅
以斜角強調立體感，將深具巴黎風情的石板路與天空以同樣比例取景

「戰勝的拱門」象徵著法國的榮光

從協和廣場往西北方一路延伸近2公里的香榭麗舍大道，聳立於正前方的雄偉凱旋門，是1805年為紀念拿破崙皇帝統率法軍贏得人逆轉勝利而建造。直至拿破崙過世15年後的1836年才竣工完成。

DATA　交M1·2·6號線CHARLES DE GAULLE ÉTOILE站步行1分
住Pl. du Charles de Gaulle Étoile 8e　☎01 55 37 73 77
時觀景台10~23時(10~3月為~22時30分)　休無休
料€9.50　※可使用巴黎博物館通行證(PMP→P9)
☑有懂英語的員工

從香榭麗舍大道的方向取景，盡量避免在逆光的日落時分拍攝。順光的早晨~白天是最理想的時段

Point 1 觀景台的壯觀景致

沿著總計284階的狹窄螺旋梯往上走，即可抵達擁有360度遼闊視野的觀景台。從規模最大的圓環「戴高樂廣場」到呈放射狀延伸的12條大道，皆能盡收眼底。

七葉樹的林蔭大道呈放射狀延伸

Point 2 莊嚴的浮雕

位於凱旋門前後兩側的浮雕，分別代表拿破崙的功績「出征、勝利、抵抗、和平」，四方上層的6座浮雕則描繪著拿破崙的英姿。

1.胡德的作品「出征」
2.科爾托的作品「勝利」

📷 拍攝訣竅
從階梯下方取景。將階梯上的熱鬧人潮放入鏡頭，可展現出活潑的氛圍

蒙馬特　別冊① MAP P25C2

聖心堂
Basilique du Sacré-Cœur

從山丘上守護巴黎的白色教堂

為了悼念1870年爆發的普法戰爭以及在巴黎公社事件中犧牲的市民，於1875年所興建的羅馬·拜占庭樣式教堂。這座1919年完成的教堂，被命名為「Sacré(神聖)·Cœur(心)」。

DATA　交M2號線ANVERS站步行9分　住Pl. du Parvis du Basilique du Sacré-Coeur 18e　☎01 53 41 89 00
時6時~22時30分(圓頂10時~17時30分，夏季9時30分~19時30分)
休無休　料免費(圓頂€6，地下聖堂€3，共通券€8)
☑有懂英語的員工

也可搭電纜車Funiculaire(→P87)前往教堂

Point 1 教堂內部的馬賽克畫

聖壇上方廣達475平方公尺的圓頂，描繪著以耶穌和聖母瑪利亞為題材的馬賽克畫。教堂內禁止攝影，所以要好好烙印在腦海裡。

聖女貞德與市民環繞在耶穌的周圍

Point 2 圓頂上的觀景台

從教堂西側的樓梯往下走，即可看見通往觀景台的入口。爬上樓梯頂端，便是高83公尺的觀景台，若天氣晴朗還可看見50公里外的景色。

連艾菲爾鐵塔也變得像米粒一樣小！

 聖心堂從背面看也十分迷人，相較於正面人潮較少的石板路、階梯，更能捕捉到懷舊的氛圍。
推薦由Rue de Chevalier(別冊①MAP●P25C2)、Rue de la Bonne(別冊①MAP●P25C2)這兩條路一帶取景。

巴黎 🗼 伴手禮

在旅途中發現充滿法國精神的伴手禮，以著名景點為設計主題的商品，最適合當作旅遊的紀念。

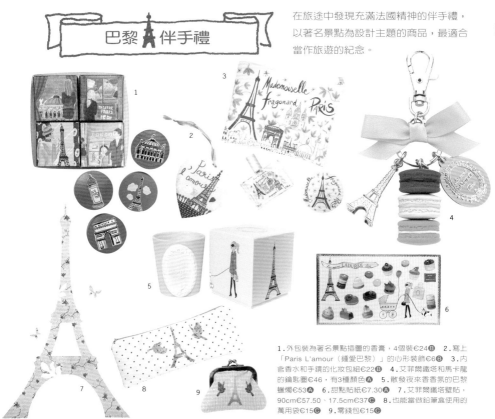

1.外包裝為著名景點插圖的香膏，4個裝€24 Ⓑ　2.寫上「Paris L'amour（鍾愛巴黎）」的心形裝飾€6 Ⓑ　3.內含香水和手鐲的化妝包組€22 Ⓑ　4.艾菲爾鐵塔和馬卡龍的鑰匙圈€46，有3種顏色 Ⓐ　5.散發夜來香香氛的巴黎蠟燭€53 Ⓐ　6.甜點貼紙€7.30 Ⓐ　7.艾菲爾鐵塔壁貼，90cm€57.50、17.5cm€37 Ⓒ　8.也能當做鉛筆盒使用的萬用袋€15 Ⓒ　9.零錢包€15 Ⓒ

Ⓐ ●歌劇院
Ladurée（Royale本店）

別冊①MAP●P18A3

在馬卡龍老店尋找可愛商品

1862年創業的馬卡龍老店。在巴黎市內設有多家店鋪，但以Royale本店的原創商品最為豐富。商品於茶點沙龍販售。

DATA　交M8・12・14號線MADELEINE站步行1分　住16-18 Rue Royale 8e　☎01 42 60 21 79　時8時～19時30分（週五、六～20時，週日10～19時）　休無休　Ⓔ

Ⓑ ●羅浮宮
Fragonard

別冊①MAP●P10B2

生活用品也很豐富的香水品牌

發源於南法香水小鎮——格哈斯的香水品牌。從休閒風的淡香水到香氛、雜貨、服飾等能妝點生活的商品一應俱全。巴黎著名景點的相關商品也很豐富。

DATA　交M1・7號線PALAIS ROYAL-MUSÉE DU LOUVRE站步行1分　住地下商場Carrousel du Louvre內　☎01 42 96 96 96　時10～20時　休無休

Ⓒ ●瑪黑區
Les Invasions Éphémères

別冊①MAP●P23D1

艾菲爾鐵塔相關商品繁多

蒐集艾菲爾鐵塔、動物等為主題的多種小東西。除了壁貼外，以販賣飾品和雜貨為主。

DATA　交M8號線FILLES DU CALVAIRE站步行1分　住14 Rue Commines 3e　☎09 71 42 66 29　時11～20時　休週日、一　Ⓔ

| Tour Eiffel Passy | Champs-Élysées | Opéra Louvre | Les Châtelet La Cité | Marais Bastille | St-Germain Q. Latin | Montparnasse | Monmartre |

23

絕不可錯過！
美術館的必看作品

身為藝術起源的巴黎，擁有全世界最大的博物館——羅浮宮以及眾多值得一訪的美術館。
接下來就啟程去參觀曾經在教科書上看過的多幅名畫、名作吧。

Photo：Alamy/aflo

以翡冷翠的富商
喬宮達之妻
做為模特兒

『蒙娜麗莎』 李奧納多・達文西 Ⓐ
帶著神秘微笑的女人，表情完美無瑕（→P118）

『舞台上的芭蕾舞排練』
愛德加・竇加 Ⓑ
俯瞰舞台的嶄新構圖，是受到日本浮世繪的影響

Photo：AP/aflo

© 西端秀和/aflo

失去雙臂的姿態
至今仍留下諸多揣測

『米羅的維納斯』
作者不詳 Ⓐ
1820年發現的作品，被認為是女
神阿芙蘿黛蒂的雕像（→P117）

Photo：HEMIS/aflo

『編蕾絲的女子』
約翰尼斯・維梅爾 Ⓐ
細緻的世界觀及色彩的呈現相當
出色（→P119）

『雙翼勝利女神』
作者不詳 Ⓐ
2014年初秋，經過10個月的修
復後再度展出！（→P118）

小小資訊 羅浮宮博物館的玻璃金字塔照明系統是採用日本東芝公司的LED燈，並由造型藝術家Claude Lévêque設計出光雕裝置藝術。

Check **畢卡索美術館重新改裝開幕！**

©2014-Succession Pablo Picasso-SPDA（JAPAN）
©Musée Picasso Paris Béatrice Hatala

瑪黑區 別冊① MAP P23C2 **畢卡索美術館**
Musée Picasso

2009年因改建工程而閉館的畢卡索美術館已於2014年10月25日重新開幕，由法國建築師Jean-François Bodin改建成現代風格的室內裝潢，參觀空間也從1600平方公尺擴大到2倍以上的3800平方公尺。

DATA 交M8號線ST-SÉBASTIEN-FROISSART站步行7分 住5, Rue de Thorigny 3e ☎01 42 71 25 21 時11時30分～18時（週六、日、7月1日～9月15日9時30分～，第3週五～21時） 休週一 料€11

『**海邊的人們**』
Figures au bord de la mer
超現實主義的典型作品。在海邊相擁的男女，據說就是畢卡索本人與當時的戀人Marie-Thérèse Walter。1931年的作品。

撿拾收割後遺落在地上的麥穗，描繪出農民的饑苦與哀愁

『**拾穗**』
尚－法蘭斯瓦・米勒 **B**
1857年於楓丹白露森林外的農場所繪製。以美麗色彩描繪出貧窮農婦的傑出作品（→P121）

『**煎餅磨坊的舞會**』
皮耶・奧古斯特・雷諾瓦
B
在蒙馬特的舞廳描繪畫家友人的一幅畫作（→P121）

也有一說認為雕像的模特兒就是羅丹本人

完美勾勒出黎明的昏暗、清晨的清新等光影呈現

『**睡蓮**』 克勞德・莫內 **C**
描繪出漂浮在池塘上的睡蓮，篇幅共8幅的大作（→P121）

『**沉思者**』
奧古斯特・羅丹 **D**
1904年的青銅雕刻作品，為『地獄之門』上方小雕像的放大版

來這裡參觀！！

RODIN

『**吻**』
奧古斯特・羅丹 **D**
1898年的作品，以但丁『神曲』中的主角為題材的大理石雕像

A 羅浮宮博物館→P116

B 奧賽博物館→P120

C 橘園美術館→P120

D 羅丹博物館→P123

探索巴黎女人的日常穿搭品味！

巴黎女子親自推薦！
精選私房店家

「巴黎女子會關注哪些品牌呢？」為了回應大家的疑問，
以下邀請4位喜歡追求流行的巴黎女子來介紹自己推薦的店家。

我最喜歡輕鬆的穿搭風格，尤其假日大多會穿上長裙

Alisson Norie

PROFILE
生於巴黎。就讀索邦大學的管理·經濟系，同時也以模特兒身分活躍中。
●目前感興趣的店家？
「Oysho」（瑪黑區／時裝／別冊①MAP●P22A3）、「Maje」、「瑪黑區的古著店」
●喜愛的理由？
我喜歡「Maje」的衣服，質地優剪裁又有女人味，特別推薦上衣類的商品。

1．耳環（私人物品，古著店） 2．穿出70年代崔姬風格的可愛單品。€30/kgⒶ 3．長裙派的Alisson穿起來也很適合的迷你裙€12Ⓐ 4．巴黎女子必備的圍巾€50Ⓑ 5．圓框和花紋讓人一見鍾情，能搭配各種裝扮的百搭配件（私人物品，古著店）

My Favorite!

這裡買得到！

Ⓐ 別冊① MAP P22A3 ●瑪黑區
Kilo Shop

以「秤斤計價」販售的古著店

採「秤重計價」方式的古著店，2012年開始在巴黎掀起一波熱潮。價格依重量來決定，可利用店內擺放的磅秤確認手中商品的價格。

DATA 交Ⓜ1·11號線HÔTEL DE VILLE站步行1分 住69-71, Rue de la Verrerie 4e ☎09 67 13 79 54 時11時～19時45分（週六～20時，週日 一14時～）休無休 Ⓔ

Ⓑ 別冊① MAP P22B3 ●瑪黑區
Maje

品味高雅又物超所值的人氣店家

以蕾絲、氣球裙和黑色小禮服為招牌的正統巴黎品牌。可搭配外出、宴會場合，兼具可愛與優雅的單品應有盡有。

DATA 交Ⓜ1·11號線HÔTEL DE VILLE站步行7分 住49-51, Rue Vieille du Temple 4e ☎01 42 74 63 77 時10時30分～19時30分（週日11時～）休無休 Ⓔ

小小資訊 巴黎女子很愛逛古著店，除了便宜又可愛是一大主因外，還可藉由獨一無二的單品打造出自我風格。古著店多集中於瑪黑區和蒙馬特。

Ninon Gavarian

PROFILE
從15歲起就在聖圖安跳蚤市場幫忙雙親做生意，現在是「NINON RETRO」的老闆。
URL ninonretro.fr/
●目前感興趣的店家？
「Francine Dentelles」、「French Trotters」
●喜愛的理由？
因為「Francine Dentelles」有許多設計精緻的古董蕾絲單品。「French Trotters」則是休閒中又帶時尚品味這點很得我心。

1.60年代的靴子（私人物品，購自比利時的店家）
2.20年代的包包，可於外出看電影時使用（私人物品，購自里爾的二手市集）3.French Trotters的原創頭巾€60Ｃ 4.「soeur」的皮帶€45Ｃ 5.20年代的蕾絲手套€100Ｄ 6.30年代的短罩衫（私人物品，購自瑪黑區的二手市集）7.45～50年代的短襯衣€200Ｄ

復古可愛風就是我的穿搭風格，身上這件是我自己設計的棉質連身裙。

My Favorite!

1

My Favorite!

2

My Favorite!

3

4

5

6

7

C 別冊① MAP P23D1 ●瑪黑區 **French Trotters**

深得巴黎女人心的精品店

由Clarent和Carole這對年輕情侶精挑細選出優質的都會休閒品牌，能為日常穿著增添時尚感。也推出自家品牌及合作商品等，話題性十足。

DATA 交M8號線FILLES DU CALVAIRE站步行3分 住128, Rue Vieille du Temple 3e ☎01 44 61 00 14 時11時30分～20時（週日14～19時）休無休
E

D 別冊① MAP P12A4 ●瑪黑區 **Francine Dentelles**

遇見美麗的法國蕾絲

於聖圖安跳蚤市場也有店舖，是一家吸引世界各地古董蕾絲買家前來的名店。巴黎市内的店舖在瑪黑區的古董村内。

DATA 交M7號線PONT MARIE站步行3分 住2, Rue de l'Ave Maria 4e ☎01 42 72 44 50 / 06 07 41 99 01 時15～19時 休週二四六日 ※非營業日也可電話預約來店 E

Tour Eiffel Passy | Champs-Élysées | Opéra Louvre | Les Châtelet La Cité | Marais Bastille | St-Germain Q. Latin | Montparnasse | Monmartre

27

1

2

My Favorite!

3

4

5

6

7

My Favorite!

8

可做為劇場的舞台服裝，又獨具個性與高雅設計的品味，就是我的個人風格。

Doris Homburg

PROFILE
為舞台劇、電影等名流的造型師，並開設了販售古著和自創品牌的商店。URL www.chezchiffons.fr
●目前感興趣的店家？
「Mes Demoiselles…」、「A Peace Treaty」（F有售）
●喜愛的理由？
我喜歡「Mes Demoiselles…」的長版上衣和連身裙所呈現出的波希米亞風。

1．混合安哥拉羊毛的長版上衣，A字型線條十分可愛 €295E　2．「A Peace Treaty」的3環戒€135F
3．70年代的鰻魚紋肩背包（私人物品，購自拍賣網站）　4．有花朵圖樣的毛料女帽€125E　5．可完全遮住臀部的小碎花長版上衣€230E　6．西班牙品牌「Masscob」的粗針織大衣€379E　7．帥氣的亨佛萊‧鮑嘉風帽子「Larose Paris」€220F　8．以串珠裝飾的20年代優雅鍊包（私人物品，友人贈）

這裡買得到！

E　別冊① MAP P23C1　●瑪黑區

Mes Demoiselles…

充滿童話氛圍的可愛服飾

店名代表「我的女孩們」之意，以融合童話般甜美與波希米亞風格的飄逸設計款式居多。

DATA　交M8號線FILLES DU CALVAIRE站步行4分　住45, Rue Charlot 3e
☎01 49 96 50 75
時10～19時　休週日
E

F　別冊① MAP P17B3　●聖馬丁運河

Centre Commercial

深受重視環保議題的巴黎人好評

由注重環保的運動鞋品牌「Veja」所企劃的概念店。精選的服飾、鞋款、雜貨等商品均來自講究天然素材的品牌。

DATA　交M5號線JACQUES BONSERGENT站步行2分　住2, Rue de Marseille 10e
☎01 42 02 26 08　時11時30分～20時
（週日14～19時30分）　休無休
E

小小資訊　常可在時髦的咖啡廳、餐廳和酒吧內發現巴黎女子的倩影？！尤其是Frenchie Bar à Vins（→P110）和Le Chateaubriand（→P105）最受美麗巴黎女子的青睞。

Clementine du Pontative

PROFILE
hop hop hop的首飾設計師。育有兩兒，同居伴侶是位音樂人。URLhophophop.fr
●目前感興趣的店家？
「Le Mont St Michel」（瑪黑區／時裝／別冊①MAP●P23C2）、「INDRESS」（飾品‧Arletté有售／別冊①MAP●P13C4）
●喜愛的理由？
「Le Mont St Michel」質地輕薄、具透明感的粗織款式是我最愛的風格。

1.顏色和質料都讓人愛不釋手的短靴（私人物品，購自Karine Arabian）　2.有可愛刺繡圖案的運動衫「CARVEN」€170**H**　3.「KENZO」的迷你裙€389**H**　4.鍊子設計別緻的肩背包€214**G**　5.不論任何場合都很搭的頭飾（私人物品，購自INDRESS）　6.ANTIPAST的襪子€35（2雙）**H**　7.「COMME des GARÇONS」的錢包，綠€190、橘€65**H**　8.以天然素材為原料的連身裙€161**G**

> 重點在於自然感，只需以顏色或配件凸顯單一特色，就能展現出自我風格。

My Favorite!

G
別冊① MAP P21D3
●聖日耳曼德佩

Polder

繽紛色彩擄獲巴黎女人心

來自荷蘭的美麗姊妹花從販售首飾起家，目前已發展成皮包、鞋、服飾等多樣化的商品款式。鮮豔的色彩與充滿女人味的風格很吸引人。

DATA　交M4‧10號線ODÉON站步行2分　住13, Rue des Quatre Vents 6e　☎01 43 26 07 64　時11時～13時30分、14時30分～19時（週一13～19時）　休週日　E

H
別冊① MAP P24B3
●蒙馬特

Spree

店長挑貨的眼光犀利獨到

由Bruno和Roberta這對創意十足的情侶檔所開設的時尚精品店。精選出單色系列的休閒＆時髦服裝很受好評。

DATA　交M12號線ABBESSES站步行2分　住16, Rue la Vieuville 18e　☎01 42 23 41 40　時11時～19時30分（週日‧一15～19時）　休無休　E

Tour Eiffel Passy | Champs-Élysées | Opéra Louvre | Les Châtelet La Cité | Marais Bastille | St-Germain Q. Latin | Montparnasse | Monmartre

29

在巴黎一天吃4餐是基本常識！
從甜點到小餐館
巴黎不可錯過的精緻美食

到了美食之都──巴黎，想嚐鮮的美食名店比比皆是。甜點店、咖啡館、可麗餅店、道地的小餐館…，以下將為大家整理出最能打動饕客心、無論視覺還是口味上均屬上乘之作的絕品！

天才甜點師傅的甜點♥

焦糖千層派
Millefeuille
Caramel　€5.40
將焦糖化後的派皮，夾上
在鮮奶油中添加鹽味奶油
焦糖醬的千層派 ⓒ

修女泡芙
Religieuse　€4.20
由大小兩個泡芙相疊而成，法文
代表「修女」之意的甜點。內餡
為巧克力和香草的鮮奶油。Ⓐ

布雷斯特泡芙
Paris Brest　€4.90
泡芙餅皮中夾入果仁糖內餡。爽
口的餅皮與微甜的鮮奶油，滋味
絕妙Ⓐ

「晝夜等長」自創蛋糕
Equinoxe　€5
以肉桂風味的餅乾為基底，再
加上香草鮮奶油和焦糖醬的夢
幻逸品Ⓐ

巴巴蘭姆酒蛋糕
Baba au Rhum　€5
將浸泡過蘭姆酒糖漿的
布里歐許麵包添上鮮奶
油，再加上柑橘香氣，
帶來清爽口感。Ⓑ

 ●歌劇院
Ⓐ Sébastien Gaudard

別冊①MAP●P7C1

風格典雅的傳統甜點

由曾在FAUCHON等一流名店累
積實力的新銳甜點師傅於2011
年所開設的店。堅持傳統的法
國甜點，纖細口感博得各界好
評。

DATA　交M12號線NOTRE-DAME-DE-
LORETTE站步行5分　住22 Rue des
Martyrs 9e
☎01 71 18 24
70　時10～20
時，週六為9時
～，週日為9～
19時）休週一

 ●香榭麗舍
Ⓑ La Patisserie by Cyril Lignac

別冊①MAP●P4B4

明星主廚的甜點店

由電視料理節目的知名星級主
廚Cyril Lignac親自監製，店內
陳列著兼具設計感和風味的精
緻甜點。

DATA　交M9號線IÉNA站步行5分
住2 Rue de Chaillot 16e
☎01 47 20
64 51
時7～20時
休無休

 聖日耳曼德佩
Ⓒ Hugo & Victor

別冊①MAP●P20A3

不斷進化的現代風甜點

由曾任職一流飯店與星級餐廳
的甜點主廚Hugues Pouget於
2010年開設的店。融合傳統與
嶄新概念的美麗甜點，備受矚
目。

DATA　交M10·12號線SÈVRES-
BABYLONE站步行2分　住40 Bd
Raspail 7e
☎01 44 39
97 73
時10～19時
（週六為9～
20時）休無
休

30　 小小知識　法國有許多如「聖多諾黑泡芙」、「修女泡芙」等使用泡芙餅皮製作的傳統甜點，其中最具人氣的「布雷斯特泡芙」則是為了紀念同名的自行車環法賽所製成的甜點，輪狀的外型即為模仿自行車的車輪。

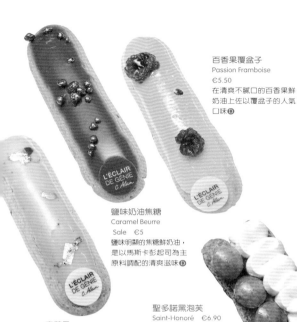

百香果覆盆子
Passion Framboise
€5.50
在清爽不膩口的百香果鮮
奶油上佐以覆盆子的人氣
口味 **D**

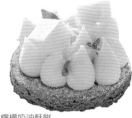

草莓與大黃果凍的布列塔尼奶油酥餅
Sablé Breton Fraise et Rhubarb €5.20
焦香的奶油酥餅基底和新鮮草莓，再搭配大黃果
凍襯托口味 **E**
©LaurentFau

鹽味奶油焦糖
Caramel Beurre
Sale €5
鹽味明顯的焦糖鮮奶油，
是以馬斯卡彭起司為主
原料調配的清爽滋味 **D**

聖多諾黑泡芙
Saint-Honoré €6.90
以派皮為基底，再放上小
泡芙和添加馬斯卡彭起司
的發泡鮮奶油 **F**

檸檬奶油酥餅
Sablé Citron €4
將檸檬風味添入卡士達醬，擠出一朵朵
奶油花，再以小棉花糖裝飾
©LaurentFau

青蘋果
Pomme Verte €5
以Granny Smith品種的青
蘋果帶出清爽風味的奶
油，夏季限定的口味 **D**

草莓塔
Tarte Fraise
€5.40
薄奶油酥餅的塔皮、爽
口的杏仁奶油，與新
鮮草莓的完美搭配 **G**

翻轉蘋果塔
Tarte Tatin €5.80
焦糖化的派皮與糖漬蘋
果的組合，再加上榛果
E

D ●瑪黑區
L'Éclair de Génie

別冊①MAP●P23C3

讓人驚豔的創意閃電泡芙
由原FAUCHON主廚Christophe
Adam於2012年底開幕的閃電泡
芙專賣店。依季節變換口味、
低甜度的纖細口感，讓人不禁
一口接一口。

- - - - - - - - - - - - - - - -
DATA 交M1號線ST-PAUL站步行1
分 住14 rue Pavée 4e
☎01 42 77
85 11
時11～19時
（週六·日10時
30分～19時30
分） 休無休

E ●艾菲爾鐵塔周邊
Gateaux Thoumieux

別冊①MAP●P9C2

星級餐廳的創新嘗試
米其林二星餐廳「Thoumieux」
打造的甜品店，由知名餐廳
「La Tour d'Argent」出身的
Ludovic Chaussard 所製作的時
尚甜點已成為熱門話題。

- - - - - - - - - - - - - - - -
DATA 交M8號線LA TOUR-MAUBO
URG站步行6分 住58 rue Saint-
Dominique 7e
☎01 45 51
12 12
時10～20時
（週日8時30
分～17時）
休週二

F ●帕西
La Patisserie des Rêves

別冊①MAP●P16B1

打動女人心的夢幻甜點
由甜點界鬼才Philippe Conticini
開設的名店。將傳統甜點化身
嶄新樣貌的技藝，堪稱味覺的
魔術師。

DATA 交M9號線RUE DE LA POMPE站步行7分
住111, Rue de Longchamp 16e ☎01 47 04
00 24 時茶點沙
龍 週五～日14～
19時，商店10～
19時（週六·日9
時～19時30分）
休週一

| Tour Eiffel Passy | Champs-Élysées | Opéra Louvre | Les Châtelet La Cité | Marais Bastille | St-Germain Q. Latin | Montparnasse | Monmartre |

31

洋溢藝術香息的老舖咖啡館

☕ 藝術小故事

巴黎畫派畫家藤田嗣治的畫室就在這家咖啡館的後面，從開店以來就是這裡的常客，更曾在此爭奪模特兒Youki Desnos-Foujita。

牆面上裝飾著畢卡索、曼‧雷等多位昔日常客的肖像畫

蒙帕納斯 | 別冊① MAP P14A2 | **圓頂咖啡館** La Coupole

將巴黎美好年代延續至今的咖啡館

還保留著1927年創業當時的裝飾藝術，讓人回想起美好年代（Belle Époque）的巴黎輝煌歷史。19時以後不開放預約，但在吧檯前邊享用餐前酒邊等候位也很有意思。

1. 擁有這般寬敞、高挑天花板的咖啡館實屬少見。柱上的裝飾畫、照片和繪畫都述說著往日歷史　2. 以法芙娜巧克力調製的熱巧克力€11.50。也有販售印上店裡的馬克杯€13～

創業至今的人氣菜單

羊肉咖哩€29.50，據說連前總統密特朗也愛吃

DATA
交M4號線VAVIN站步行1分　住102, Bd. du Montparnasse 14e　☎01 43 20 14 20　時8時30分～24時（週日、一、8月為～23時）　休無休
☑有懂英語的員工　☑有英文版菜單　□需預約

散發沉穩悠閒氛圍的2樓

☕ 文學小故事

沙特曾說過，在德軍佔領法國的戰爭期間，只有這裡是唯一的自由之地。據說他一天長達9個小時都在這裡度過。

聖日耳曼德佩 | 別冊① MAP P20B2 | **花神咖啡館** Café de Flore

深受哲學家喜愛的老字號咖啡館

創業128年的老店，見證了20世紀的藝術運動、超現實主義的誕生，亦是沙特與西蒙波娃辯論各種議題的歷史舞台。店家直至現在仍會每天為時裝設計師Sonia Rykiel保留專屬的座位。

1. 感受聖日耳曼德佩的氣氛。入店的右後方角落就是沙特的固定座位　2. 已任職20多年的侍者Dominique先生，總是以和藹親切的態度，以笑容接待登門的客人

1930年以來的人氣菜單

將融化於啤酒的切達起司鋪在麵包上放入烤箱，香氣撲鼻的威爾斯乾酪€18

DATA
交M4號線ST-GERMAIN-DES-PRÉS站步行1分
住172, Bd. St-Germain 6e　☎01 45 48 55 26
時7時～翌2時　休無休
☑有懂英語的員工　□有英文版菜單　□需預約

小小資訊　若於上述介紹的圓頂咖啡館點羊肉咖哩，會由一位纏著白色頭巾的坦米爾人侍者負責上菜，讓客人品嘗起來更具一番風味。

點心就選法式薄餅or可麗餅

瑪黑區　別冊①MAP P23C3

Crêperie Suzette

小巧可愛的可麗餅店

位於觀光客和購物人潮熙來攘往的瑪黑區繁華大街——自由民街（Rue des Francs-Bourgeois）上的可麗餅專賣店。能以便宜價格一次品嘗用蕎麥粉製成的法式鹹薄餅和以麵粉為原料的甜可麗餅。

草莓果醬可麗餅
Crêpe Confiture –
Chantilly　€5.50
添加草莓果醬和發泡鮮奶油的可麗餅

DATA
交M1號線ST-PAUL站步行5分
住24 Rue des Francs Bourgeois 3e
☎01 42 72 46 16　時12時～22時30分　休無休
☑有懂英語的員工　☑有英文版菜單　☐需預約

除了露天座和吧檯座外，2樓也設有客席桌椅

搭配法式薄餅
蘋果酒€3.50

自由民街
法式薄餅
Galette Francs
Bourgeois　€10.50
吃得到滿滿的波菜和番茄醬，營養和份量都很完美

鹽味焦糖可麗餅
Crêpe Caramel
Beurre Salé　€5.80
以布列塔尼產的鹽味奶油為原料的自製焦糖，實為絕品美味

生火腿法式薄餅
Galette Complète au
Jambon Cru　€9.50
將加入火腿、蛋、起司的經典口味「Comlète」改以巴斯克產的生火腿製成

瑪黑區　別冊①MAP P23C2

Breizh Café

堅守布列塔尼風味的正統派

自2007年開幕以來，即被公認為巴黎最美味的法式薄餅店。除了徹底堅持使用蕎麥粉和奶油等道地的食材外，同時也開發出獨特的創意可麗餅菜單。還提供有機蘋果酒等多元菜色，相當窩心。

DATA
交M8號線ST-SÉBASTIEN-FROISSART站步行7分
住109 Rue Vieille du Temple 3e
☎01 42 72 13 77
時11時30分～23時（週日～22時）　休週一、二
☑有懂英語的員工　☑有英文版菜單　☐需預約

店內展示著出身自布列塔尼的女性畫家作品

網羅了有機酒莊、小型酒廠的珍貴蘋果酒，品項豐富。有機蘋果酒，瓶裝€3.80

搭配法式薄餅

Tour Eiffel Passy ｜ Champs-Élysées ｜ Opéra Louvre ｜ Les Châtelet La Cité ｜ Marais Bastille ｜ St-Germain Q. Latin ｜ Montparnasse ｜ Monmartre

33

引爆話題的當紅小餐館

Lazare

歌劇院 別冊① MAP P6A2

極致美味的經典小酒館

2013年於ST-LAZARE站的新購物中心開幕。菜單均由米其林三星主廚Eric Frechon（→P108）負責策劃，店內所供應的麵包和果醬也都是純手工製作。將講究傳統的小餐館菜色，改造成現代風味的美味菜餚。

DATA
- 交M3·12·13·14號線ST-LAZARE站步行即到
- 住Centre Commercial Gare Saint Lazare, Rue Intérieure 8e　☎01 44 90 80 80　時7時30分～24時　休無休
- ☑有懂英語的員工　☑有英文版菜單　□需預約

1. ❶前菜魔鬼蛋€12，以水煮蛋搭配鮪魚和蟹肉的一道料理 ❷主菜烤豬胸肉€23，添加無菁一起品嘗
2. 鋪上單色系磁磚的別緻裝潢出自女建築師之手

MENU
- ❶ OEufs de poule mimosa, au thon et au crabe　€12
- ❷ Poitrine de cochon grillée, choucroute de navets　€23 Paris-Deauville
- （焦糖布丁）　€8
- 合計 €38（套餐）
- ※上述為單品的價格

🍴 聲名大噪的原因

老闆是來自Le Bristol Hotel 的三星主廚Eric Frechon，菜單也由他親自監製。

MENU
- ❶ Langoustines crues de Guilvinec €11
- ❷ Onglet de boeuf Black Angas €21 Abricots du Roussillon rôti, biscuit, glace marjoinane（添加烤杏桃、冰淇淋）€9
- 合計 €35（2道的套餐€19）
- ※上述為單品的價格

🍴 聲名大噪的原因

以午餐€14～、晚餐€35的價位，就能品嘗由備受矚目的年輕主廚活用食材烹調製成的最新潮流法國菜

Caillebotte

歌劇院 別冊① MAP P7C2

9區人氣餐館的2號店登場

9區很難訂到位的熱門餐廳「Le Pantruche」2號店在2013年開幕。主廚Franck Baranger是曾在Eric Frechon和Christian Constant麾下累積資歷的年輕新銳。是巴黎內難得能以小餐館價格品嘗到正統美食文化的餐廳。

DATA
- 交M12號線NOTRE-DAME-DE-LORETTE站步行3分
- 住8 Rue Hippolyte Lebas 9e　☎01 53 20 88 70
- 時12時30分～14時30分、19時30分～22時30分　休週六·日
- ☑有懂英語的員工　□有英文版菜單　□需預約

1. ❶前菜是布列塔尼的長腳蝦、瑞可塔起司的義大利麵疙瘩，佐以小黃瓜和黃桃€11 ❷主菜是安格斯黑牛排€21，放上芝麻菜泥、洋蔥和炸馬鈴薯薄片
2. 裝潢採簡約、成熟風格的舒適空間

小小資訊　還有11區的Septime（別冊①MAP●P13D3）及2區的Frenchie（別冊①MAP●P7D4）等新銳主廚的人氣餐館，目前的趨勢便是在附近開設輕食風格的2號店，若無法預約到本店時，也很推薦前往分店。

購物

巴黎有好多令人為之♥心動的商品，

讓人忍不住想將店裡的每一樣東西都買回家。

在滿足自己的尋寶樂趣後，

也別忘了找找伴手禮，與大家一同分享喜悅。

勾起少女情懷的「可愛」元素盡在巴黎

利用提升女人味的配飾
即刻變身巴黎女子！

想稿仿大國當地品牌的飾品小物，散發只屬女子的纖細風情！
為了達成大家的願望，以下精選且話題值皮可愛、充滿品味的當地配飾─

可愛
珠寶首飾

Flower
Motif

3

1．芭蕾舞伶項鍊C145
4．芭蕾舞伶耳環C105

2．裝飾著許多花朵和小鳥的
珐瑯項鍊C350　3．可與2．
搭配成套的環型耳環C145

2

Alphabet
Motif

Ballerina
Motif

設計成字母樣式的墜飾各C85

夏特雷-
磊阿勒　別冊①
MAP
P11D1

Les Néréides

來自南法的成熟風飾品

以花卉、動物等為設計主題的成熟風
首飾專賣店，在法國、台灣等地皆有
設店。品牌名「Néréides」意指希臘
神話中出現的海中女神。巴黎本店還
珍藏了不少只有在該店才看得到的舊
款收藏，喜歡這個品牌的人千萬別錯
過。

還有巴黎主題的商品！

除了基本款外，還有值得矚目的
巴黎系列。以艾菲爾鐵塔和凱旋
門為題材、充滿玩心的可愛飾品，
也可當成旅遊的回憶。

1．艾菲爾鐵塔耳環C70　2．仿巴黎文
字的項鍊C195

DATA　交M4號線ÉTIENNE MARCEL站步行3分　住5, Rue du Bourg
l'Abbé 3e　☎01 80 50 51 11　時10～19時(週六11時30分～)　休週
日　✓有懂英語的員工

小小
資訊　飾品是美麗的巴黎女子身上不可或缺的配件。小首飾店多位於6區的聖父街（Rue des Saints Pères，別冊①MAP
●P20B2），創意飾品的精品店則集中在北瑪黑區

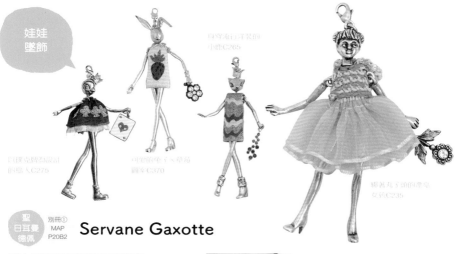

娃娃
墜飾

以PUW品牌設計師為設計概念C275

以蕾絲和花裝飾的小雞C265

以呈現自然元素為概念C370

娜著孔丁多的甜草女孩C235

聖日耳曼德佩　別冊① MAP P20B2

Servane Gaxotte

讓人不禁想收藏的玩偶墜飾

由曾當過造型師的Servane以女孩「Rose」及動物為設計概念的墜飾。該店為全世界唯一的路面店，所有商品皆只有1件。基本尺寸有7～10公分等3種大小。每款商品身上穿的衣裳皆為純手工製作，共有超過130種款式。

DATA　交M4號線ST-GERMAIN-DES-PRÉS站步行3分
住55, Rue des Saints-Pères 6e
☎01 42 84 39 93
時11～19時　休週日
☑有懂英語的員工

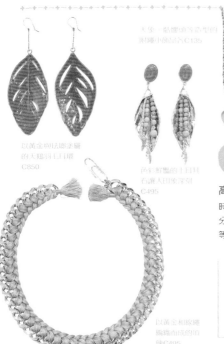

以黃金和天鵝羽毛為概念的大膽耳骨耳環 C850

以一點點造型為設計的別緻小創意C135

色彩鮮豔的耳針耳石讓人印象深刻 C495

以黃金和玻璃珠編成的項鍊 C495

天然素材
首飾

聖日耳曼德佩　別冊① MAP P20B2

Aurélie Bidermann

高階時尚的小首飾

時下最熱門的設計師品牌，能為簡約低調的單寧風格加分，最適合用來搭配巴黎時尚的首飾。藉由葉子、貝殼等大自然元素，凸顯出前衛品味的設計極具魅力。

DATA　交M4號線ST-GERMAIN-DES-PRÉS站步行3分
住55 Bis, Rue des Saints-Pères 6e
☎01 45 48 43 14
時10～19時　休週日
☑有懂英語的員工

Tour Eiffel Passy ｜ Champs-Élysées ｜ Opéra Louvre ｜ Les Châtelet La Cité ｜ Marais Bastille ｜ St-Germain Q. Latin ｜ Montparnasse ｜ Monmartre

37

聖日耳曼德佩　別冊① MAP P20B4

La Cerise sur le Chapeau

體現法國美學的訂製帽

設計師Cerise所開設的工作室兼精品店，羅列著顏色種類豐富的傳統羊毛氈帽和巴拿馬帽。羊毛氈和飾帶的顏色可自由搭配訂製，最快一天就能完成，也提供寄送國外的服務。

DATA　交M4號線ST-SULPICE站步行3分　住11 Rue Cassette 6e　☎01 45 49 90 53　時11～19時　休週日、一　☑有懂英語的員工

帽子的形狀共有5種款式！

La Capeline
迷人的紅色C125

La Cloche
高尚優雅的裝扮C110

客製化的美麗帽子

Le Classic
讓人耳目一新的瀟灑造型 C150

Le Trendy
與Le Classic相比稜角較分明的款式C150

L'Amant
向電影《情人》（L'Amant）致敬的帽款C165

Paille（桔草）的巴拿馬帽各 C125。素材除了桔草外，還有羊毛氈和兔毛，羊毛氈更經過防水加工處理

優質手套

2014年秋冬款的「Chloé」C230

斑馬紋小牛皮材質的「Iggy」C180

5種顏色以上的選擇！

讓雙手看起來更美麗的經典款「Sacha」各C135

以蝴蝶結飾帶做點綴的「Audrey」C160

羅浮宮周邊　別冊① MAP P19D4

Maison Fabre

輕柔溫暖、戴起來舒適的極品皮革手套

1924年創立，位於南法米約的歷史悠久工作室，為生產法國傳統皮革手套的老舖。與肌膚完全貼合的優質羊皮手套，時尚的剪裁和設計感妝點著女人的雙手。

DATA　交M1·7號線PALAIS ROYAL-MUSÉE DU LOUVRE站步行3分　住128-129, Galerie de Valois-Jardins du Palais Royal 1er　☎01 42 60 75 88　時11～19時　休週日　☑有懂英語的員工

小小資訊　1936年創業的帽子老舖Maison Michel（別冊①MAP●P18B3），兼具傳統與流行的款式近年來重新受到矚目。2014年9月還在香奈兒本店所在的康朋街（Rue Cambon，別冊①MAP●P18B3）開設限時展售商店。

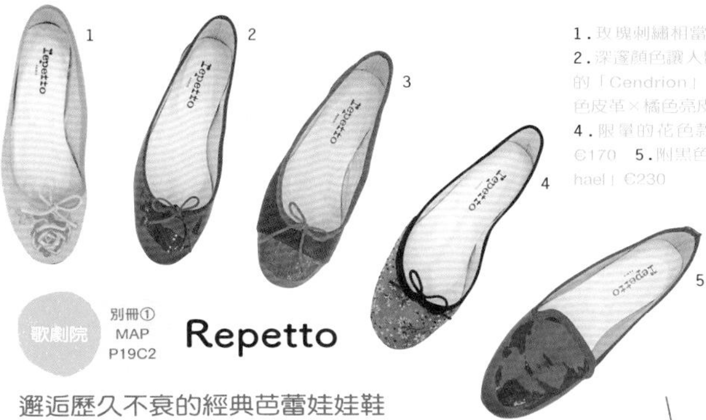

1. 玫瑰刺繡相當吸睛€265 2. 深邃顏色讓人留下深刻印象的「Cendrion」€185 3. 棕色皮革×橘色亮皮的搭配€205 4. 限量的花色款也不容錯過€170 5. 附黑色鞋帶的「Michael」€230

台灣也極受歡迎的鞋子品牌

紅色皮革製的新款「Zizi」€240

歌劇院 別冊① MAP P19C2

Repetto

邂逅歷久不衰的經典芭蕾娃娃鞋

碧姬芭杜、塞吉甘斯柏也愛用的舞鞋老店。深受全球女性憧憬的芭蕾娃娃鞋，當然要在歌劇院旁的本店優雅選購。2樓還設有提供訂製服務的「L' Atelier Repetto」。

DATA ㊋Ⓜ3·7·8號線OPÉRA站步行1分
㊟22, Rue de la Paix 2e
☎01 44 71 83 12
㊕9時30分～19時30分 ㊡週日
☑有懂英語的員工

還有包包！

色調鮮明的黃色皮革包€456

兒童舞蹈課用的小包包各€43

聖日耳曼德佩 別冊① MAP P20A1

Alexandra Sojfer

提供多款貴婦風格的洋傘

Alexandra師承祖父製作傘具、手杖的專門技術所開設的店家。在巴黎近郊的工作室中，以稀有木材和高級素材，手工製作能用上一輩子的奢華雨傘和陽傘。只要曾在此購買，就提供終生免費修理的服務。

DATA ㊋Ⓜ12號線RUE DU BAC站步行2分 ㊟218, Bd. St-Germain 7e
☎01 42 22 17 02 ㊕10～19時(8月為11時～) ㊡週日
☑有懂英語的員工

手工傘

1. 傘邊滾上貂皮的設計€1720 2. 以蕾絲點綴的晴雨兩用傘€850 3. 可愛的櫻桃圖案€380

把手也提供多款樣式

可挑選喜好的動物把手（與傘體成套€250）

巴黎兩大精品店「Merci」&「Colette」

努力於___的Merci___，___流行品牌趨勢的Colette，_____受全球矚目的名店，____設計的概念店，_____吧！

1

2

3

4

5

6

7

8

1.SWILDENS的針織衫 €120是Merci的熱門商品　2.Cavallini&co的印章，12個套組 €29.90　3.置於中庭的紅色小車是一件藝術品　4.地下樓的廚房用品和日用雜貨擺設很有個性　5.地下樓的有機咖啡館的招牌菜 Salade du comptoir，大 €15、小 €10　6.琺瑯材質的小杯碟組 €10.90　7.打造成倉庫般的店面空間廣達1500平方公尺　8.原創餐巾各 €8.50

瑪黑區　別冊①　MAP　P23D2

Merci

不忘社會貢獻的精品店

從開幕以來，持續捐出部分收益給馬達加斯加貧窮孩童和女性的新型態精品店。店內不僅有精心挑選的流行商品，購物的同時還能對社會做出貢獻，也是該店吸引人的特色之一。寬敞的店內，擺滿了生活雜貨、家具等新潮商品，令人目不遐給。

DATA
交M8號線ST-SÉBASTIEN-FROISSART站步行1分　住111, Bd. Beaumarchais 3e
☎01 42 77 00 33　時10～19時　休週日
☑有懂英語的員工

Used Book Café

設於店門口的咖啡館。牆面上擺滿著古書，是一處能讓人沉澱心情的空間。可邊翻閱書本，邊悠閒享用茶或餐點。
☎01 42 77 00 33　時10～17時
（午餐12～15時）　休週日　C E

備有連枝番茄與莫札瑞拉起司外餡三明治 €15等多樣的健康午餐菜單

小小資訊　Merci店內陳列的品牌，大多是認同老闆將收益用來捐助弱勢孩童理念的店家，有時還會提供專屬Merci的低價商品。

嬰幼兒精品專賣店

別冊①
MAP
P23D1

瑪黑區

Bonton

簡約設計搭配柔和色調的巴黎風童裝。800平方公尺的寬敞店內，也陳列著吸引大人目光的居家擺飾雜貨。

DATA　交M8號線ST-SÉBASTIEN-FROISSART站步行1分　住5, Bd. des Filles du Calvaire 3e　☎01 42 72 34 69　時10～19時　休週日　£

除了童裝外，地下樓
還有可愛繪本區。繪
本C9～15

1

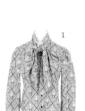

2

3

4

5

6

7

8

1．當紅設計師Olympia Le-Tan的襯衫新貨 C675　2．與老字號鞋品牌Carel合作開發的限定鞋款C265　3．1F滿方是雜誌、CD、高科技電器等商品　4．2F陳列著男女最新流行服飾　5．可輕鬆試圖案的美甲組C9　6．Colette的原創蠟燭C30　7．位於名牌店林立的聖多諾黑街上　8．顏色占卜的英文書（Fortune-Telling books of colors）C19

別冊①
MAP
P19C4

聖多諾黑街

Colette

巴黎代表性的最新潮流發信地

從1997年開幕以來，就持續受到全球時尚業界人士的關注。從名牌到新銳設計師推出的系列、高級品到平價的商品、書籍、美妝品和數位產品、CD等等，各種領域的流行商品一應俱全。不時還會推出這裡才買得到的限定商品，絕个可錯過。

DATA
交M1號線TUILERIES站步行3分
住213, Rue St-Honoré 1er　☎01 55 35
33 90　時11～19時　休週日
☑有懂英語的員工

Water Bar

地下1樓設有廣蒐全世界80多種礦泉水的水吧。飲品和午餐菜單的選擇相當豐富，還有知名甜點師傅精選的甜點。

DATA　☎01 55 35 33 93　時11～19時
休週日　£

1．外瓶設計也很可愛的奶嘴大黃瓜汁水C6
2．有紅雞蔥、邁司等食材的蔬菜沙拉Assiette colétie C14.80

1

2

Tour Eiffel
Passy | Champs-
Élysées | Opéra
Louvre | Les Châtelet
La Cité | Marais
Bastille | St-Germain
Q. Latin | Montparnasse | Monmartre

41

擺在房間即可回味巴黎氣氛♪

挑起旅遊回憶的
精緻法國雜貨

高級感品味中心常點綴著氛圍風雅的巴黎雜貨，有法國風、鄉村風、古董風等各種商品的商貨琳瑯滿目。只要主動尋找，一定能找到中意的巴黎紀念品。

1. 有浮雕裝飾的蠟燭€90Ⓐ 2. 模仿瑪麗・安東尼外型的蠟燭€70Ⓐ 3. 有25種設計款式的咖啡歐蕾碗€13.90Ⓑ 4. 糖果罐€13，也可用來裝咖啡粉或餅乾Ⓑ 5. 點綴餐桌的湯匙盤€14.90Ⓑ 6. 簡單樣式的餐巾環€7.50Ⓑ 7. 能搖晃出光樂趣的茶盒€7Ⓒ 8. 放入香粉的擴香石€17.50Ⓒ

Ⓐ ●聖日耳曼德佩

Cire Trudon

別冊①MAP●P21C3

1643年創業，巴黎歷史最悠久的皇室御用蠟燭專賣店。100％天然植物成分，可安心使用。售有香氛、雕刻蠟燭等18種產品。

DATA

交Ⓜ4・10號線ODÉON站步行3分 住78, Rue de Seine 6e ☎01 43 26 46 50 時10～19時 休週日、8月的週一 Ⓔ

Ⓑ ●聖日耳曼德佩

Comptoir de Famille

別冊①MAP●P21C3

1982年誕生於隆河－阿爾卑斯地區的居家用品品牌。店內陳列著咖啡歐蕾碗、鐵製雜貨、有刺繡圖案的亞麻布製品等法式鄉村風的雜貨。

DATA

交Ⓜ10號線MABILLON站步行3分 住34, Rue St-Sulpice 6e ☎01 43 26 22 29 時10～19時 （週一13時～） 休週日 Ⓔ

Ⓒ ●聖路易島

Au Soixante

別冊①MAP●P12A4

由美麗妻子與前任歌手的開朗丈夫所共同經營的店。掛衣鉤、相框等品味高雅的古董風雜貨，以及香皂、香袋等香氛類商品都很豐富。

DATA

交Ⓜ7號線PONT MARIE站步行5分 住60, Rue St-Louis en l'Ile 4e ☎01 40 46 05 62 時11～18時45分 休週二、三 Ⓔ

---

42 小小資訊 對於居家擺飾普遍擁有極高品味的巴黎，每年的1月和9月都會舉辦名為「MAISON & OBJET」的巴黎最大規模家飾展，也被稱為家飾業界的巴黎時裝秀，展示世界最新潮流的商品。

經典
法國雜貨

咖啡歐蕾碗
沒有把手、像碗公一般的餐具。除了可拿來喝咖啡歐蕾外，當成咖啡杯、餐碗使用也很方便

亞麻布
以生長於法國北部的亞麻纖維所製成的布料，可當成抹布、餐巾使用，或是用來做為刺繡用布也可以

罐子
附蓋子的容器。有陶器、錫、法瑯等各種材質，可配合素材，用來保存食品、收納日常用品等，用途廣泛

9

10

11

12

13

14

15

16

9.50年代的咖啡歐蕾碗€20 D　10.阿爾薩斯地區的刺繡亞麻布，長€18、寬€22（寬1m）D　11.格子圖案的水壺€68 D　12.富含維生素E的摩洛哥堅果油圓形皂€7.90 E　13.100%天然蜜蠟蠟燭（中）€7.20 E　14.縫上花朵裝飾的園藝鞋€35 F　15.松鼠造型的鑄鐵門擋€8 F　16.可排成一整列使用的兔子掛衣架€15 F

● 瑪黑區

D Au Petit Bonheur la Chance

別冊①MAP ● P12A3

位於瑪黑區的古董村「聖保羅村」（→P55）一隅，宛如跳蚤市場般的一家古董店，蒐集許多雜貨、餐具和文具等珍藏。

DATA
交 M1號線ST-PAUL
站步行5分
住 13, Rue St-Paul
4e ☎ 01 42 74 36
38　時 11～13時、
14時～18時30分　休 週日 E

● 瑪黑區

E Monastica

別冊①MAP ● P22B4

販售商品以全法國修道院手工製作的精油和天然香皂為主，也陳列著蜜蠟蠟燭、彩繪玻璃之類的工藝品。

DATA
交 M7號線PONT MA
RIE站步行3分
住 10, Rue des Barres
4e ☎ 01 48 87 85
13　時 10～18時（週
六10～12時、13時～18時30分）
休 週日・一 E

● 聖日耳曼德佩

F Le Jardin d' Olaria

別冊①MAP ● P11C4

由愛好園藝的Anne Marion所開設的店。除了園藝用品外，還有以香菇、小鳥為造型的設計商品。

DATA
交 M4・10號線ODÉ
ON站步行8分
住 5, Rue de Médicis
6e ☎ 01 43 26 31
25　時 10時30分～
19時（週日11時30分～18時）
休 無休 E

購物
法國雜貨

Tour Eiffel　Champs-　Opéra　Les Châtelet　Marais　St-Germain　Montparnasse　Monmartre
Passy　Élysées　Louvre　La Cité　Bastille　Q. Latin

43

美好年代的瓶身與香味令人著迷

將憧憬的巴黎香氣
一起帶回家

無論身做為居家目的的一部分，營造藝術空間氛圍的巾上工，香氣文化占有融入法國人的生活當中。且由巾中不乏瓶身意設計，可做為居家裝飾的點綴之用。

Eau D'hadrien
€115

以羅馬皇帝哈德良為名的柑橘風優雅香氣

Rose Splendide
€82

千葉玫瑰散發出高雅的玫瑰香氣

Parfum
香水

輕輕噴上自己所愛的香水，
提升自我魅力。

Parfum
d'Ambiance
€14.90

甘甜的亞麻花香
混合稻米的香氣

Roll-On d'Huiles
Essentielles
€6.30

滾珠瓶裝精油，
可有效舒緩頭痛

Délire de Roses
€220

嚴選玫瑰天然香料調製
而成的香氣，給人年輕、
充滿活力的印象

 ●聖日耳曼德佩

Annick Goutal

別冊❶MAP●P21C3

優質原料與清新脫俗的香氣

由法國鋼琴家Annick Goutal於
1980年所創設的店。除了開業
至今以檸檬等原料製成的柑橘
風味香水「Eau D'hadrien」外，
每年發表的新香氛也很吸睛。

DATA　交M4號線ST-SULPICE
站步行3分　住12, Pl. St-Sulpice
6e　☎01 46 33 03 15
時10～19時　休週日 Ｅ

 ●香榭麗舍

Caron

別冊❶MAP●P5C4

深受愛戴超過100年的香氛老店

1903年由Ernest Daltroff在巴黎
創設的老舖。目前發表的香水
已多達60款以上，為法國人憧
憬的正統派香水。

DATA　交M1‧9號線FRANKLIN-D.
ROOSEVELT站步行3分　住34, Av.
Montaigne 8e　☎01 47 23 40 82
時10～18時30分　休週日 Ｅ

44　小小資訊　美麗瓶身也是香水的魅力之一，例如「Caron」有部分商品是使用巴卡拉水晶（Baccarat）製作的瓶身而聞名，陳列在巴黎店內秤重計價的香水則是以名為「Fontaine」的豪華瓶身包裝。

Soin du corps
身體保養品
不論香氣和膚觸都很出色，
巴黎女子也愛不釋手。

Esprit de Durance
€14.95

帶柑橘花清爽香氣
的身體乳液

Poudre Caron€52
Puff€69

輕盈薄透的蜜粉及柔軟
的天鵝絨粉撲

Petite Chérie
€45

含水蜜桃等甘甜香
氣的沐浴乳。也有
蠟燭香氣產品

Brume d'Oreille
€8.50

在南法薰衣草的香氣
包圍下睡個美容覺

Pour la maison
香氛
讓房間瀰漫自己喜歡的香氣，
享受浪漫的法式氛圍。

**Vaporisateur
d'Intérieur**
€44

在房內灑點香氣，
小蒼蘭的味道尤其
適合清晨起床時

**Diffuseur d'Arôme
Provençal**
€8.90

將短木棒插入擴香
瓶中使用，有檸檬
等約10種香味可
選擇

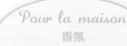

**Bougies
Parfumées**€44

馬鞭草的味道就像是
搓揉檸檬葉時所散發
出的香氣

Durance

別冊①MAP●P18B2

於普羅旺斯地區的格里尼昂擁有廣
大腹地，並規劃成自家農地和工
房。產品採用有機栽培的薰衣草製
成，聖路易島也設有分店（別冊
①MAP●P12A4）。

DATA 交M8·12·14
號線MADELEINE站步行
2分 住24, Rue Vignon
9e ☎01 47 42 04 10
時10時30分～14時30
分、15～19時（週三·
四11時～）休週日 E

Diptyque

別冊①MAP●P11D4

1961年由巴黎藝術家創立的品牌。
不僅香氣舒適宜人，橢圓形的商標
和圖案設計也很別緻，吸引許多名
流和業界人士的青睞。

DATA 交M10號線
MAUBERT-MUTUA
LITÉ站步行3分
住34, Bd. St-Germain
5e ☎01 43 26 77
44 時10～19時

Florame

別冊①MAP●P21D3

世界知名的無農藥香氛品牌，總公
司設於南法的聖雷米·普羅旺斯。
以精油為基底的香皂、美妝品和護
膚產品，都獲得很高的評價。

DATA 交M4·10號
線ODÉON站步行1分
住8, Rue Dupuytren 6e
☎01 44 07 34 53
時11～14時、15～19時
（週一僅14～19時營業）
休週日 E

購物 巴黎香氛

Tour Eiffel Passy | Champs-Élysées | Opéra Louvre | Les Châtelet La Cité | Marais Bastille | St-Germain Q. Latin | Montparnasse | Monmartre

45

激發親自動手作的興致！

在手工藝材料店尋找
勾起手創欲望的工藝品

傳承著珍惜物品、永續使用精神的法國，琳瑯的中西區充斥著各種理工景自由的法國作風。
若在手工藝材料品找到可愛的愛情，就來嘗試自己動手作吧！

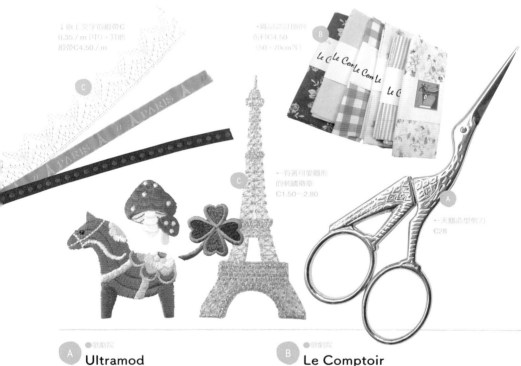

↓放上文字的緞帶C
0.35／m（中）・其他
緞帶C4.50／m

•雜貨設計師的
布料C4.50
（50〜70cm²）

•有著可愛圖形
的刺繡徽章
€1.50〜2.80

•天鵝造型剪刀
€28

●歌劇院

Ⓐ Ultramod

別冊①MAP●P19D2

19世紀創業的手工藝用品老舖

整間店就像是珠寶盒一般，擺滿了珍貴的古董緞帶、鈕扣等豐富品項。細長形店內的古典裝潢美麗精緻，光欣賞就讓人深深著迷。

DATA 交M3號線QUATRE SEPTEMBRE站步行1分
住3 et 4, Rue de Choiseul 2e ☎01 42 96 98 30
時10〜18時 休週六・日 Ｅ

●歌劇院

Ⓑ Le Comptoir

別冊①MAP●P7C2

值得信賴的老闆親自指導手工藝

不僅提供布料和毛線，從初學者的手工藝材料包，到專業人士用的工具等應有盡有，讓人激起創作的欲望。若有不懂的地方，還可向老闆Barbara討教。

DATA 交M7號線CADET站步行1分 住26, Rue Cadet 9e ☎01 42 46 20 72 時11〜14時、14時30分〜19時（週一僅14時30分〜19時） 休週日 Ｅ

 小小資訊　由於古董鈕扣及古布大多不會有機會再遇見第二次，若有中意的款式，就算價格稍貴也建議先買下來，用剩的鈕扣還可放進瓶子中當做居家擺飾。

‧法式刺繡圖案集
C10

↑整組一起販售的
古董鈕扣
C0.60～16

↑巴黎面前非帕
怕地看到玩毛線
編織的風潮
C5.90

↑蝴蝶結鈕扣1個
C3.50 ‧小鳥鈕扣
1個C1.60

→不可思議的
美麗配色名
C11.50

‧用花團圖案做
成的古董鈕扣名
C2

‧樣式多到讓人難以
抉擇的漂亮相配帶
C2～/m

別冊①MAP●P23C3

Entrée des Fournisseurs

深受巴黎人喜愛的手工藝用品店

光線從大片窗戶灑落進來的店內既明亮又寬敞，商品擺設一目瞭然。由身兼設計師的老闆所精選的法國製手工藝用品，每一款都很漂亮。

DATA　交M1號線ST-PAUL站步行5分
住8, Rue des Francs Bourgeois 3e　☎01 48 87 58 98
時10時30分～19時　休週日　E

別冊①MAP●P11C1

La Droguerie

日本也有分店的材料寶庫

裝在小瓶內的五顏六色珠子、毛線、鈕扣和緞帶等商品擺滿整心店內，是本店才有的豐富選擇。每年會發表2次融入最新潮流的新作品。

DATA　交M4號線LES HALLES站步行2分
住9 et 11, Rue du Jour 1er　☎01 45 08 93 27
時10時30分～18時45分(週一14時～)　休週日　E

| Tour Eiffel Passy | Champs-Élysées | Opéra Louvre | Les Châtelet La Cité | Marais Bastille | St-Germain Q. Latin | Montparnasse | Monmartre |

47

增添書桌環境的知性＆美感！

蘊藏設計者的心意
充滿法式風情的文具

高雅的傳統歐洲文具，可愛色調、獨特設計的流行文具，兩者皆令人愛不釋手，琳瑯滿目的美觀文具讓人眼花撩亂。拿來當另類的伴手禮也很適合。

連筆芯都有大理石花紋的奇妙彩色鉛筆
各€2.50

有著美麗動層色彩的信封、信紙、貼紙
的3件式信紙組各€4.80

將正在閱讀的書本或記事本美麗變身！
書籤各€15，共有35款

可做為閱讀或電影記錄的筆記本各€7，
2本€12

以義大利和法國高級紙製作的印花便條
本€3 6

用蠟來封印重要的信件。蠟印€16，
蠟條€2.40

Ⓐ 別冊① MAP P22B4 ●馬黑區

Mélodies Graphiques

感受得到歐洲歷史的優質文具

由西式花體字專家Eric de Tugny所經營的老字號文具店，店內陳列著滿滿的卡片、書籤、鋼筆筆尖、放大鏡等瀰漫西洋傳統風味的40多種商品，整家店散發出優雅、復古懷舊的氛圍。

DATA
交Ⓜ7號線PONT MARIE站步行3分 住10, Rue du Pont Louis Philippe 4e ☎01 42 74 57 68 時11～19時（週一～14時～）休週日（7～8月為週日・一）Ⓔ

Ⓑ 別冊① MAP P22A2 ●蒙特雷・磊阿勒

L'Ecritoire

提供多款蠟印和原創信紙組

從鋼筆、墨水等西式花體字的書法工具，到一般流行的印章、郵票貼紙、艾菲爾鐵塔商品等一應俱全。提供共35種字母、圖形的蠟印、蠟條顏色等多元的選擇。

DATA
交Ⓜ1・11號線HÔTEL DE VILLE站步行3分 住61, Rue St-Martin 4e ☎01 42 78 01 18 時11～19時 休週日 Ⓔ

 小小知識　法國人從小學開始便以原子筆及鋼筆取代鉛筆練習寫字，因為他們認為用鉛筆寫字對手腕的負擔較大，在練習寫草寫字體時，以墨水書寫最為合適。

Mélodies Graphiques的
老闆Eric de Tugny

何謂西式花體字？

↑西式花體字的用具

西式花體字（Calligraphy）在希臘文中
代表「美麗描繪」之意，亦即將字母描
繪成裝飾文字。鋼筆筆尖有各式各樣的
寬度，藉由變換角度和筆壓，就能享受
創作文字、圖樣及繪畫等的創意樂趣。

共19種圖案各有魅力的明信片式信紙兼信
封C23是熱銷商品

繪有法式幽默插畫的白抽便條紙C4，
可在對話框中寫下訊息留言

文字紙牌可貼在牆上，也可用線串連
成巴黎風味的裝飾串點綴房間C2（1個）

活頁式線圈筆記本C7～58 封面材質
有橡膠塑膠、皮革等7種顏色

柄得上是文具亮點的鉛筆和尺，設計樣
式繽紛可愛C5（套組）

漸層色彩十分可愛的剪紙吊飾C7～9
由各以花朵及羽毛飾做為圖案的設計

別冊①
MAP
P23D1
●瑪黑區

Papier Tigre

以再生紙製作的時尚文具

在百貨公司及精品店皆擁有極高人氣，以老虎商標廣為
人知的巴黎文具品牌，2013年11月終於在瑪黑區開了
第1間店。從基本款文具到期間限定的合作開發商品，
所有商品在這裡都買得到。

DATA

交M8號線FILLES DU CALVAIRE
站步行1分　住5, Rue des Filles du
Calvaire, 3e　☎01 48 04 00 21
時11時30分～19時30分（週六11～20時）　休週日‧一　E

別冊①
MAP
P15D1
●拉丁區

Tout Noté

激發玩心的繽紛文具

筆記本專區內整齊陳列著顏色繽紛的筆記本，讓人嘆為
觀止。受歡迎的原創線圈筆記本依大小、顏色、素材區
分，總共有25種。從筆記用品到書桌上的小工具，各
式各樣的雜貨應有盡有，宛如走進玩具箱一般。

DATA

交M7‧10號線JUSSIEU站步行2
分　住35, Rue Jussieu 5e
☎01 43 25 28 24　時10時30
分～19時30分　休週日　E

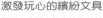

Tour Eiffel | Champs- | Opéra | Les Châtelet | Marais | St-Germain | Montparnasse | Monmartre
Passy | Élysées | Louvre | La Cité | Bastille | Q. Latin |

49

提升廚藝的好幫手

巴黎媽媽愛用的
餐具&廚房用品

若要幫忙大大提升大廚的品客空間，餐具&廚房用品也有不少可選好手。法國的餐廚用品不僅講究設計，機能型也有一定水準，不妨來細細品鑑一番有趣的廚房用品吧。

餐具

由染藝爛熟的工匠一筆一畫描繪
上色的作品 C95

羅瓦地區的小圓點
水瓶C53

(左) 入氣的Adelaide
系列餐盤C42，(右) 巴
黎風的Tricot系列設計盤
C59

描繪巴黎名勝與地鐵
的盤子 (4個一組)
C111.60以及馬克杯
C29.90

A 別冊①
MAP
P19C4

●聖多諾黑街

Astier de Villatte

於巴黎工房燒製的陶器

自1996年開賣白色陶瓷餐具
以來，就成了美麗巴黎女子
憧憬的餐具品牌。除了熱門
的餐具外，還提供蠟燭、古
龍水和文具等商品。

DATA 交M7・14號線PYRAMIDES站步行5分 住173, Rue
St-Honoré 1er ☎01 42 60 74 13 時11～19時30分 休
週日 E

B 別冊①
MAP
P18B1

●收瑪咧院

Gien

牆上的手繪餐盤收藏相當壯觀

1821年誕生的瓷器品牌，地
處以古堡聞名的羅亞爾河地
區。除了經典款的白底深藍
手繪餐盤外，每年邀請設計
師製作的特製手繪餐盤也很
受歡迎。

DATA 交M8・12・14號線MADELEINE站步行3分 住18,
Rue de l'Arcade 8e ☎01 42 66 52 32 時10時30分～
19時 休週日 E

小小
資訊
巴黎的廚房用品設計別緻，讓人忍不住想全部帶回家。由於Le Creuset和Staub的產品、陶瓷比想像中還重，必須多加
考量購物的順序以及返國時的託運問題。再加上餐具不耐撞，建議先在國內準備好緩衝包材。

廚房用品

刀鋒銳利度不同凡響的
Peugeot胡椒研磨器
C15.90

顏色漂亮的私廚造廚具，不
是讓人想買齊所有顏色一
各C14.80

附蓋柄的Le Creuset茶壺，
650mlC17

矽膠製的抹刀和小刷子，
各C5.90

光瞧著就能讓餐桌變得
更明亮的Staub醬汁鍋，
C71.40

砝鄉瓷燉烤盤，
19cmC25.10

銅製可麗露烤模，大C13.50、中
C11.90、小C9.20

C 別冊①
MAP
P15D2

La Tuile à Loup

手工打造僅此一件的陶器

由老闆從法國各地的窯場直
接採購，無論是基本款還是
藝術作品，都是做工精緻的
陶器。尤其推薦能展現工匠
溫暖人情味的陶器及木工製
品。

la tuile a loup

DATA 交M⑦線CENSIER-DAUBENTON站步行1分 住35, Rue Daubenton 5e ☎01 47 07 28 90 時12～18
時（週一13時～） 休週日 E

D 別冊①
MAP
P11C1

A.Simon

Le Creuset商品齊全

知名餐廳御用的調理器具專
賣店，從營業用的專業烹調
器具到可當伴手禮的小廚房
雜貨都有，種類豐富，是想
購買Le Creuset商品的人絕不
可錯過的一家店。

a.simon

DATA 交M④號線ÉTIENNE MARCEL站步行5分 住48-
52, Rue Montmartre 2e ☎01 42 33 71 65 時9～19時
（週六10時～） 休週日 E

| Tour Eiffel Passy | Champs-Élysées | Opéra Louvre | Les Châtelet La Cité | Marais Bastille | St-Germain Q. Latin | Montparnasse | Monmartre |

51

在專賣店與
講究美食邂逅

法國為歐洲數一數二的農業大國，從自豪的乳酪到巴黎不可或缺的果醬，
在此網羅法國廚房不可或缺的食材，務必去嘗嘗店裡的獨到口味。

均為無添加商品
所以可安心
享用啲

1.店內羅列著整面的果醬　2.宛如
在吃水果般的新鮮口感，杏桃×薰衣
草、草莓×玫瑰各€8

所有口味
皆可試吃

→還有搭配肉、乳酪食用
的果醬。照片為適合搭配
山羊乳酪的無花果×黑橄
欖€7.50

果醬
別冊①
MAP
P23C2

→加價€3.50就
能換成附湯匙的
包裝！

●瑪黑區

La Chambre aux Confitures

濃縮當季美味的果醬

老闆Lisa表示「因為是每天
都會吃下肚的食物，激發
了我想製作原汁原味果醬
的念頭」。店內陳列約100
種無添加物的健康果醬。

DATA　交M11號線RAMBUTEAU站步行10分
住60, Rue Vieille du Temple 3e
☎01 79 25 53 58
時11～19時30分(週六·日10時～)　休無休
☑有懂英語的員工

還可是
100%天然
純蜂蜜喔

1.全部約有40種　2.勃根地
出產的相思樹蜂蜜€4.30、楓
丹白露近郊採收的加蒂奈蜂蜜
€3.90

→老闆手工製作的蜂
蜜專用玻璃湯匙€17

也可秤重計價！

→除了瓶裝外，也提供秤
重販售。相思樹蜂蜜、栗
子蜂蜜兩種€3.50 / 250g
〜€12 / 1kg

蜂蜜
別冊①
MAP
P3C4

↓帶有香料氣味、口
感濕潤的香料麵包。
保存期限1個月。
€17.80 / 1kg

還有點心！

●巴黎南部

Les Abeilles

蜂蜜協會認證的專賣店

由身兼巴黎蜂蜜協會會長
的Schakmundes老闆所嚴
選的商品。除了不含添加
物的蜂蜜以外，還有點心
類等相關雜貨。

DATA　交M5·6·7號線PLACE-D'ITALIE站步行8分
住21, Rue de la Butte-aux-Cailles 13e
☎01 45 81 43 48
時11～19時　休週日·一
□有懂英語的員工

小小
資訊

乳酪專賣店「Laurent Dubois」有為外國顧客提供額外包裝的服務。只需告知之後要搭飛機，店家就會用真空包裝，
盡可能保持產品的風味。

Attention!

攜帶食品入境時的注意事項

根據相關法令規定，基於食品衛生上的安全，禁止攜帶活體動物及其產品（取得進口同意文件者除外）、活植物及其生產品、新鮮水果入境（P139）。雖然乳酪不在限制範圍內，但如果裡頭含有火腿等肉製品則需列入檢疫對象。詳情可至財政部關務署、行政院農委會動植物防疫檢疫局官網查詢。

可當場為顧客裝瓶

1.2.集里計備的商品有辛口白酒、夏布利酒、夏多內酒口味，分成100g、200g、500g三種規格，保存期限6～8個月。夏多內酒粗粒芥末醬100g
€18.60

也有國內未引進的風味

・可讓添料理的變化，果醋華・香草・藍紋乳酪風味各
€4.90

芥末醬　別冊①
MAP
P18B2

還有果醋！

●歌劇院

・肉桂芒果・米釀里肉各
€6.70

Maille

擁有260年悠久歷史的芥末醬

發祥於勃根地首府第戎，創業已達260年的調味料老牌。當場裝瓶的芥末醬，則是直營店獨家的服務。

```
DATA   交M8・12・14號線MADELEINE站步行1分
住6, Pl. de la Madeleine 8e
☎01 40 15 06 00   時10～19時   休週日
□有懂英語的員工
```

經過政府認證的味道

1.是闆Laurent Dubois先生
2.活泉產的卡門貝爾乳酪。工路溫和的pays d'Auge €6.60

可直接當前菜享用

還有奶香濃郁的牛油！

↑藍紋乳酪夾核桃酪
€39／1kg

乳酪　別冊①
MAP
P11D4

●拉丁區

Laurent Dubois

・以生乳和鹽製成€4.40

法國最佳工藝師（MOF）的乳酪

擁有MOF稱號的乳酪熟成師Laurent Dubois所經營的店。必須嚴格控管濕度和溫度，才能引出乳酪最極致的美味。

```
DATA   交M10號線MAUBERT-MUTUALITÉ站步
行1分   住47, Ter Bd. St-Germain 5e   ☎01 43
54 50 93   時8時30分～19時30分（週日～13時）
休週一   □有懂英語的員工
```

Tour Eiffel Passy | Champs-Élysées | Opéra Louvre | Les Châtelet la Cité | Marais Bastille | St-Germain Q. Latin | Montparnasse | Monmartre

53

從古董到僅此一件的珍品應有盡有

在跳蚤市場找尋
專屬於自己的寶物

從華麗的高級藝術品到古色古香風趣的古董，羅列著各式各樣物品的巴黎跳蚤市場。感受市場的氛圍、搜挖稀奇寶物吧，享跳蚤市場的醍醐味。

巴黎
北部

別冊①
MAP
P3C1

聖圖安跳蚤市場
（克里尼昂古爾市場）
Marché aux Puces de Clignancourt

全世界規模最大的古董市集

位於最後一道巴黎城牆拆除後留下的空地，這座跳蚤市場已有100餘年歷史，是由攤販聚集的拱廊街、商店街等多個市場集合而成。從生活雜貨到高級名牌、家具、古著、美術品等，約有2500個攤位。不妨先縮小範圍來逛，一定能有所收穫。

DATA 交M4號線PORTE DE CLIGNANCOURT
站步行5分　住Rue des Rosiers 18e
☎視店鋪而異　時7～19時左右(視店鋪而異)
休週二～五　※不可使用信用卡(視店鋪而異)

營業時間
週六～一

不僅建築物吸睛，
還能認識世界各國的人，
很有意思呢

Françoise小姐

1.兩層樓的多菲內市場建築物本身就很漂亮　2.雜貨風店鋪聚集的菲內松市場地區

上面繡有姓名首字母的古董亞麻布€10

採訪MEMO

家具、古著、裝飾品等古董品最多的區域是菲內松市場。週末的10～13時是人潮最擁擠的時段，務必留意自己的隨身貴重物品。

\ 找到寶物了！ /

↓地有許多法國的古繪本€16～

NICOLAS
ET LE LION

↑深雕胸針和袖扣各€45

↑1960年代的復古鑰匙圈各€2

主要的市場
菲內松市場
據說是最早發展出市場的區域，以雜貨和飾品之類的東西最多
畢洪市場
專賣高級古董的拱廊街
多菲內市場
有著大片玻璃頂的2層樓商店街，有骨董家具及擺飾等
居勒瓦市場
小物、二手書、唱片、海報等
塞爾貝特市場
屬於室內市場，有古董家具、高級名牌的古董品等

保羅貝爾市場
Marché Paul Bert
畢洪市場
Marché Biron
塞爾貝特市場
Marché Serpette
岡波市場
Marché Combo
居勒瓦市場
Marché Jules Vallès
菲內松市場
Marché Vernaison
安提卡市場
Marché Antico
勒克耶瓦市場
Marché Lecuyer-Vallès
多菲內市場
Marché Dauphine
馬拉西斯市場
Marché Malassis
巴士站
Rue Marie Curie
Rue Villa Biron
Rue des Rosiers
Rue Paul Bert
Rue Jules Vallès
Av. Michelet
Rue Jean Henri Fabre
Bd. Périphérique
Av. de la Porte de Clignancourt

0　100m　N

從地鐵站沿著Av. de la Porte de Clignancourt往北走，穿過高速公路高架橋下方即跳蚤市場

往PORTE DE CLIGNANCOURT M ▼

小小
資訊

聖圖安跳蚤市場的起源，據說是19世紀後半在這裡搭建臨時住宅的居民，將自己不要的東西擺出來販售而始。經過100多年後的今天，仍然吸引許多愛好古董的巴黎人聚集，每個星期都會舉辦跳蚤市場。

Check！ 瑪黑區的小跳蚤市場

瑪黑區　別冊①
MAP
P12A3

聖保羅村
Village St-Paul

約20家販賣家具、餐具、書本等的古董店及
藝術品店，彷彿要將公寓的中庭給包圍起來
般櫛次鱗比，布料、亞麻布等手工藝品尤其
豐富。在充滿風情的石磚中庭，週末也會不
定期舉辦跳蚤市場。

巴黎南部　別冊①
MAP
P2B4

凡夫跳蚤市場
Marché aux Puces de Vanves

最受巴黎當地人喜愛的市集

每逢週六、日舉辦，約有350個攤位的巴黎南部
跳蚤市場。日常使用的餐具、飾品、手工藝用
品和亞麻布等形形色色的雜貨類商品眾多。這
裡不僅是地處戶外的開放空間，價格比其他跳
蚤市場來得實在這點也很吸引人。

營業時間
週六・日

與擺攤熟識的
同業和客人間的
交流互動也很有趣

Vulcain
Bernard先生

DATA ⊗M13號線PORTE DE VANVES站步行3
分住Av. Marc Sangnier, Av. Georges Lafenestre
14e ⊕視店鋪而異 時7~17時左右（視店鋪而異）
㉨週一~五 ※不可使用信用卡（視店鋪而異）

1.有道樹林立的步道兩旁擺滿著
攤販　2.有相當豐富的餐具和廚
房擺飾布日常用品

↑1950年代
的白色球拍
各C6

找到寶物了！

↑1890年代
製的可愛復
古陶罐子
C30

一色彩繽紛的
古花布C20・
探C3~5

↑手工雕刻的金屬
製印章C10~15

歷史悠久的
布偶熊C8

Missy
Julio小姐

能遇到許多來自
世界各地的客人
令人十分開心

一以廚師為造型設
計的掃帚和畚箕
C15

採訪MEMO

有不少攤位在中午過後便
會開始收拾打烊，若想來
挖寶的話，務必一大早前
來逛市集。不妨鼓起勇氣
跟店家殺價看看吧。

潛入巴黎人的廚房

和攤販殺價也是一番樂趣
最受當地人喜愛的市場

巴黎市內各地的市場（Marché），每一天早上就充滿活力。看看巴黎人仔細挑選食材的模樣，彷彿走進了巴黎的廚房。推薦可先品嚐當地新鮮的蔬菜、水果、乳酪及土產。

享受市場樂趣的3大重點

1.早起出門
10時到中午最為熱鬧，尤其週六、日更是擁擠，熱門店家常於中午前就賣光光，建議挑選人潮較少的清晨時段前往。

2.自備購物袋
蔬菜、水果大多只會簡單包起來，塑膠袋有時較易破。自行攜帶環保袋或籃子會比較方便。

3.留意扒手
10時到正午是人潮最擁擠的顛峰，通道上擠滿人群，這個時段的偷竊事件頻仍，需注意貴重物品切勿離身。

瑪黑區　別冊① MAP P23C1

紅孩兒市場
Marché des Enfants Rouges

飲食店眾多，巴黎最古老的市場

由於16世紀設於該處的孤兒院小孩身穿基督教中象徵慈悲的紅色衣服，因此市場被取名為「紅孩兒市場」。現在除了週一以外每天都有營業，各國食材、配菜羅列，市場內還設有用餐空間。

營業時間 週二～日

DATA
交M8號線FILLES DU CALVAIRE站步行5分　住39, Rue de Bretagne 3e　時8時30分～13時、16～19時30分（週日8時30分～14時）　休週一　※不可使用信用卡

1.午餐時間總是座無虛席，塔吉鍋饗庫斯庫斯C8～。也有日本料理的攤位　2.能輕鬆品嚐摩洛哥菜等、塑巴歐菜等各國菜色

巴士底　別冊① MAP P13C4

阿里格市場
Marché d'Aligre

充滿異國風情的平民市場

北非移民眾多、異國風情濃郁的市場，也因電影《艾蜜莉的異想世界》外景地而廣為人知，價格實惠極具魅力。除了週一以外每天都會開市，還有併設於室內的市場，十分便於購物。市場對面的廣場也會舉辦古董跳蚤市集。

營業時間 週二～日

DATA
交M8號線LEDRU-ROLLIN站步行5分　住Pl. d'Aligre 12e　時9～13時、16～19時30分（週日～13時30分）　休週一　※不可使用信用卡

1.價格平易近人，吸引不少老顧客　2.也有許多花店前來擺攤　3.位於廣場附近的有機麵包店MOISAN

小小資訊　請特別注意市場內大多數的店家都只以現金交易，不收信用卡。
市場內不乏扒手，建議盡可能不攜帶大鈔，事先備妥零錢和小額紙鈔為佳。

and more…

郵票市集
Marché aux Timbres

香榭麗舍／別冊①MAP●P5C3

營業時間
週四·六·日

廣蒐全世界紀念郵票的大型郵票市集，有時也會出現名品、珍品，郵票收藏家絕不可錯過。

DATA 交M1·9號線FRANKLIN D.ROOSEVELT站步行2分 住Av. de Marigny, Av. Gabriel 8e 時9~19時 休週一~三、週五 ※不可使用信用卡

塞納河左岸古書市集
Bouquiniste

拉丁區／別冊①MAP●P11D4

營業時間
每日

自17世紀以來在塞納河畔舉辦的古書市集，以箱型攤位營業。

DATA 交M4號線CITÉ站步行4分 時11時30分~日落 休無休 ※不可使用信用卡

聖日耳曼德佩
別冊①
MAP
P20A4

哈斯拜爾有機市場
Marché Biologique Raspail

採購有機食材＆製品
前往週日的BIO市集

該市場每週營業4天，只有在週日才會變身為專賣有機產品的BIO市場。這裡提供大量的健康食材，但與其他市場相比價格稍高。位於高級住宅區，也吸引許多住在附近的優雅貴婦和觀光客前來造訪。雜貨和美妝品類的商品也十分多元。

DATA 交M12號線RENNES站步行1分 住Bd. Raspail 6e 時9~14時30分 休週一~六 ※不可使用信用卡

營業時間
週日

顏色繽紛的蔬菜，也很豐富

麵包店中以長棍麵包最引人氣

印上艾菲爾鐵塔標誌的香皂

1.從1989年持續至今，歷史悠久的有機市集
2.也有販售高價葉菜類的蔬菜，風味濃郁令人驚豔

巴士底
別冊①
MAP
P12B3

巴士底市集
Marché Bastille

規模和熱絡景象皆為巴黎之最

一路從巴士底廣場延伸至理查·勒諾瓦大道的市集，每到週日尤其吸引許多家族客，熱鬧非凡。由於市集就位在大道上，而有許多觀光客造訪，價格也相對便宜。餐飲類的攤位也相當豐富，無論是來此吃早餐還是採購零食都很方便。

DATA 交M1·5·8號線BASTILLE站步行1分 住Bd. Richard Lenoir, Rue Amelot, Rue St-Sabin 11e 時7~14時30分(視店鋪而異，售完打烊) 休週一~三·五·六 ※不可使用信用卡

營業時間
週四·日

也有國內罕見的蔬菜種類

新鮮、選擇豐富的乳酪

不僅有長棍麵包，還有維也納甜麵包

1.選有顧客聚集閒聊的攤販
2.購物時常會聽到店家「Monsieur（先生）」「Madame（女士）」的招呼聲

Tour Eiffel
Passy | Champs-
Élysées | Opéra
Louvre | Les Châtelet
La Cité | Marais
Bastille | St-Germain
Q. Latin | Montparnasse | Monmartre

57

19世紀的流行發信地
瀰漫懷舊氣氛的玻璃拱頂商店街

巴黎市中心還留有著玻璃拱頂，正保留著19世紀的懷舊風情。而此刻就享各個拱廊的獨特氛圍，就是各良身心的樂趣吧。

歌劇院　別冊① MAP P19D3

薇薇安拱廊街
Galerie Vivienne

美麗的延街裝飾首屈一指

1826年開幕，擁有玻璃圓頂天井與馬賽克磁磚地板的美麗拱廊街，內有流行服飾店、家飾店、雜貨屋、藝廊、酒窖等，超過30家以上的店鋪進駐其中。

1.2.空間設計洗鍊優雅的拱廊街，有著華美裝飾的建築物本身便有值得一看的價值

> **D A T A**
> 交M7·14號線PYRAMIDES站步行6分
> 住6, Rue Vivienne 2e　時休視店鋪而異
> ※也能使用英語溝通

薇薇安拱廊街的推薦SPOT

Legrand Filles et Fils

葡萄酒吧／別冊①MAP●P19D3

可享用嚴選葡萄酒和輕食的時尚葡萄酒吧。除了藏酒豐富的酒窖外，也販售點心和進口食材等商品。單杯葡萄酒€7～。

1.仿彿與華麗的拱廊街融為一體的外觀
2.店內瀰漫著老舖特有的格調氛圍

> D A T A　住1, Rue de la Banque
> ☎01 42 60 07 12　時10～19時
> 30分（週一~11～19時、週六10～
> 19時）、葡萄酒吧12時～　休週日
> E

Si Tu Veux

雜貨／別冊①MAP●P19D3

玩具、繪本、繽紛小物擺賣店內的雜貨屋。店家後方還設有可讓小孩玩捉迷藏的空間，很受家庭客群歡迎。

1.五顏六色的木製玩具令人目不暇給
2.入口處的櫥窗還有小偶迎接客人

> D A T A　住68, galerie Vivienne
> ☎01 42 60 59 97　時10時30
> 分~19時　休週日　E

小小資訊　拱廊街的入口出乎意料地低調，要小心別走過頭了。此外也相當推薦IL BISONTE、Christian Louboutin進駐的優美拱廊街「維侯鐸達拱廊街（Galerie Véro-Dodat）」（別冊①MAP●P11C1）。

玻璃拱頂商店街的矚目焦點

將19世紀當時的風潮傳承至今的拱廊建築，除了使用玻璃搭建的拱廊外，還有許多風情各異的精緻空間設計。

馬賽克
以馬賽克拼出別緻花紋的通道（薇薇安拱廊街）

時鐘
時鐘上還刻有創業的年份（茹浮華拱廊街）

狹窄通道
往來行人幾乎得擦身而過的狹窄通道（全景拱廊街）

 歌劇院　別冊①MAP P7C3

茹浮華拱廊街
Passage Jouffroy

在璃的的拱廊進中紫記出國特氛圍的大時錄

平民路線的個性風拱廊街

19世紀中葉僅以鋼鐵和玻璃打造而成，被視為是玻璃拱頂商店街最為典型的例子。除了家飾雜貨、藝術書店等，還有據說達利也曾上門光顧的老字號手杖店和蠟像館。

 Pain D'épices

玩具／別冊MAP●P7C3

這間玩具店陳列了多種娃娃屋使用的小模型，童裝、雜貨和法國傳統玩具也都很受歡迎。

DATA　住29, Passage Jouffroy 9e　☎01 47 70 08 68　時10～19時30分（週六～19時）　休週日‧一　f

DATA　交M8‧9號線GRANDS BOULEVARDS站步行1分　住9, Rue de la Grange-Bateliere 9e　☎時休視店鋪而異　※也能使用英語溝通

 歌劇院　別冊①MAP P7C3

全景拱廊街
Passage des Panoramas

有許多古畫藝術店品和舊郵遊點

巴黎最古老的拱廊街

起源於1799年，為巴黎最早出現瓦斯燈的地方。販售古郵票、版畫等古物的專賣店比鄰而立，商店並排於窄巷兩側的模樣，捕捉住昔日的風貌。

 Racines

餐廳／別冊①MAP●P7C3

堅持提供有機葡萄酒和有機食品的傳統法國菜餐廳，相當具有人氣。黑色豬血腸和豬腳都很推薦。

DATA　住8, Passage des Panoramas 2e　☎01 40 13 06 41　時12～14時30分、19時45分～22時30分　休週六‧日　f

DATA　交M8‧9號線GRANDS BOULEVARDS站步行2分　住10, Rue St-Marc 2e　☎時休視店鋪而異　※也能使用英語溝通

Tour Eiffel Passy｜Champs-Élysées｜Opéra Louvre｜Les Châtelet La Cité｜Marais Bastille｜St-Germain Q. Latin｜Montparnasse｜Monmartre

59

巴黎精品應有盡有！
到老字號百貨
掌握最新潮流趨勢

19世紀的巴黎為了提供貴婦購物的場所，百貨公司於焉誕生。從最新流行到各式風格，應俱全的老字號百貨公司，對貼周全服務的親切員工也相當方便。

歌劇院 別冊①
MAP
P18B1

春天百貨
巴黎奧斯曼旗艦店
Printemps Haussmann

商品和展示別出心裁
引領流行的時尚發信地！

1865年創業的百貨公司，已被列入歷史性建築物。巧妙融合古典與現代風格的春天百貨，由女士時尚館、美容天地、家居世界館、男士時尚館等3館所構成。網羅了最新流行服飾品牌、香水、甜點店等，是一間涵蓋多元風格、扮演引領潮流關鍵角色的大型購物概念店。

DATA
交M3・9號線HAVRE-CAUMARTIN站步行1分
住64, Bd. Haussmann 9e ☎01 42 82 50 00
時9時35分～20時（週四～20時45分） 休週日
☑有懂英語的員工

1.2010年全館改裝完成後，變身成為加奢華的空間。2.繼2011年女士時尚館6樓翻修後，2012年同館4樓也重新改裝，使流行名品樓層的空間規劃更臻完善。3.4.Ladurée的馬卡龍於女士時尚館1樓的茶點沙龍等館內3處設點皆能買到

LADURÉE

1.裝飾著美麗彩繪玻璃的新拜占庭樣式玻璃圓頂

2.世界最大、佔地3000㎡的地下樓鞋賣場，約有150個品牌進駐
3.可一望巴黎街景的屋頂露台

歌劇院 別冊①
MAP
P19C1

老佛爺
百貨公司
Galeries Lafayette

總面積7萬㎡！想要的精品盡在這裡
歐洲規模最大的百貨公司

1893年創業，由本館、紳士館、居家生活＆美食館所組成。從高級名牌到雜貨、美食等品項豐富，也不可錯過設計新潮、價格平實又兼具品質的原創商品。本館於每週五會舉辦免費的時裝秀。2014年秋天居家生活館重新改裝開幕，將人氣扶搖直上的食品賣場改移至地下樓。

DATA
交M7・9號線CHAUSÉE D'ANTIN-LA
FAYETTE站步行1分 住40, Bd. Haussmann 9e
☎01 42 82 38 33（客服中心）
時9時30分～20時（週四～21時） 休週日
☑有懂英語的員工

小小資訊

購物建議在百貨公司內一次購齊。在單間精品店較難達到退稅額度的小物和雜貨，若於百貨公司內購買，即可列入當日購物的總金額來退稅，相當划算（詳情請參照→P150）。

Check! 老佛爺百貨公司的暢貨中心

→開幕以來擁有超高人氣，總是人聲鼎沸

2013年於凡爾賽區開幕的暢貨購物中心「One Nation Paris」是老佛爺百貨全球第一家暢貨中心，男裝、女裝、童裝、飾品、鞋等商品一應俱全，並提供5～7折的折扣價格。歌劇院前每天都有接駁巴士運行，單程€9.50，最晚需於出發前2小時預約。

→週六・日也有從凡爾賽區起訖的接駁巴士，單程€4.50

DATA　交RER C5線VERSAILLES-RIVE-GAUCHE站車程10分
☎01 73 71 95 95　時10～20時　休無休　接駁巴士：預約☎01 80 88 50 25　（時歌劇院發車10時（週六・日10時、14時30分），One Nation Paris發車15時（週六・日13時30分、18時30分）

聖日耳曼德佩　別冊① MAP P20A3

樂蓬馬歇百貨
Le Bon Marché Rive Gauche

從時尚業者到優雅貴婦都愛不釋手
巴黎最時髦的百貨公司

1852年創業的世界第一家百貨公司。讓人感受到老舖風格的古典建築，是由打造巴黎地標——艾菲爾鐵塔的同一位設計師古斯塔夫·艾菲爾於1887年以歌劇院為藍本改建而成。樂蓬馬歇百貨由時裝、美妝品、雜貨羅列的本館，以及設有最新流行服飾、童裝、食品等賣場的別館所組成。

1.位於別館地上1樓層的頂級食品賣場　2.濃郁香氣十分吸引人的松露油€18.75　3.色彩繽紛的瓶裝胡椒粒€6.60　4.高級名牌店雲集

DATA　交M10·12號線SÈVRES-BABYLONE站步行1分　住24, Rue de Sèvres 7e
☎01 44 39 80 00　時10～20時（週四・五～21時），別館8時30分～21時　休週日
☑有懂英語的員工

瑪黑區　別冊① MAP P22A3

BHV百貨
BHV

1.紳士館就矗立在本館的對面

吸引喜愛週末居家修繕的巴黎人
DIY用品與生活雜貨的專賣店

BHV即Bazar de l'Hôtel de Ville的簡稱，直譯即指市政廳前的市場，顧名思義，BHV百貨是以週末居家修繕用品、電器製品等生活雜貨為中心，並網羅流行服飾、美妝品等豐富品項的百貨公司，提供多種台灣也十分罕見的時髦工具及修繕零件。

2.粉末馬賽皂€9
3.ELMETTO的橡膠€210　4.通風用品5件
為組€39　5.家飾雜貨和家具等商品豐富

DATA
交M1·11號線HÔTEL DE VILLE站步行1分
住52, Rue de Rivoli 4e　☎09 77 40 14 00
時9時30分～19時30分（週三～21時，週六～20時）休週日　☑有懂英語的員工

Tour Eiffel Passy | Champs-Élysées | Opéra Louvre | Les Châtelet La Cité | Marais Bastille | St-Germain Q. Latin | Montparnasse | Monmartre

61

時尚的設計感讓人忍不住想搜刮回家！

到超市和藥妝店
尋找有趣的巴黎伴手禮

若要尋找法國女性的伴手禮，推薦到巴黎市內到處都可見的超市和藥妝店。
便宜又具有設計感的商品種類繁多，要找到特別喜歡的了！

食品

草莓果醬少甜的
餅乾餡餅€2.23

香草口味的熊貓奶油酥餅是
Monoprix的自有品牌商品
€1.55

5種風味的KUSMI
TEA迷你罐裝套組
€18.50

印有「Choco Moooo…」
的乳牛造型巧克力奶油酥餅
€2.19

老牌餅乾大廠LU的小熊餅
乾內含豐富牛奶€1.72

栗子奶油是必買的伴手禮。
78g的條狀裝3條€2.82、
250g的罐裝€1.93

人氣沸騰中的有機茶LØV，
4盒一組€15.70

A

別冊①
MAP
P19C3

●歌劇院

Monoprix

目標為物美價廉的自有品牌商品

在全法國都有展店的地方型超市。歌劇院大道的店鋪因地緣
關係而吸引不少觀光客，即使是外地人也能輕鬆入店。1樓
後方的賣場可做為伴手禮用的食品，食材則在地下樓。

DATA　交⑦·14號線PYRAMI
DES站步行1分　住21, Av. de l'
Opéra 1er　☎01 42 61 78 08
時9～21時　休週日 🄴

B

別冊①
MAP
P21D2

●聖日耳曼德佩

Carrefour Market

郊區型超級量販店的都市版

知名量販店家樂福陸續於市內開設「City」和「Market」
兩種規模根據都市打造的超市，自有品牌商品很受歡
迎。

DATA　交⑩10號線MABILLON
站步行2分　住79, Rue de Seine
6e　☎01 43 25 65 03　時8時
30分～23時30分　休週日 🄴

 有些超市設有少件商品的快速結帳櫃檯，非大量購買商品的旅客可多加利用，可留意上方是否標示有
「Moins de 10 Articles（商品數10件以下的結帳櫃檯）」。

日常用品

Monoprix洗衣夾，每季都會推出不同的顏色
C3.50

不禁讓人期盼午餐時刻快快到來的可愛餐具組C3.50

為質感增添生氣的繽紛餐巾紙
C2.90

石清多貓味圖案的餐巾C3.90，適合愛貓敎人士

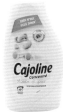

巴黎人的愛用品牌「Cajoline」柔軟精C3.29

美妆用品

創業於1881年的老舖T. LeClerc的蜜粉C26.90

添加蜂蜜、散發香甜氣味的NUXE護手乳，2條一組C9.99

（左）有機化妝品牌WELEDA的玫瑰香摩療油C12.20
（右）WELEDA的石榴身體乳C17.90

散發杏仁牛奶甘甜香氣的洗手乳C2.45

來自南法品牌「LE PETIT MARSEILLAIS」的沐浴乳，帶有木棉花和罌粟花的香氣C2.65

別冊①
MAP
P21C3

●型日中受歡迎

Citypharma

巴黎最便宜的藥妝店

號稱巴黎最便宜的熱門藥妝店，廣受當地人及觀光客喜愛，一整天從早到晚人潮川流不息。NUXE、CAUDALIE等天然系美妝品樣式齊全，再加上破盤的價格極具吸引力。

DATA　交M10號線MABILLON站步行1分　住26, Rue du Four 6e　☎01 46 33 20 81　時8時30分～20時（週六9時～）　休週日　E

連環保袋也很可愛♥

Monoprix
粉彩（下）€1，艾菲爾鐵塔圖案（上）€1.50

Carrefour Market
清新感十足的大型耐用環保袋€0.69

Column

從食品到美妝品一次網羅！

在BIO商店購買有機製品

因眾人深自珍健康及環保意識，由巴黎處可見販售有機食品、美妝品、日常用品等多樣化商品的BIO專賣店，不妨在此挑選伴手禮，逛逛琳瑯滿目的販售物吧。

✿ 何謂BIO？

Biologic的縮寫，為無農藥、有機農法之意。美妝品則指無添加（或是極少量）化學成分的產品。因不會對人體、環境造成不良影響，深受巴黎人支持

1.法國政府機關認證的標誌，涵蓋範圍從食品到美妝品都有　2.代表受到COSMEBIO協會認證的有機美妝品標誌

🔖 生活用品＆美妝品

5.水蜜桃香味的香水€13.20 B
6.壓力大、旅途疲憊時可配合心情使用的精油，3瓶裝€16.95 B　7.瑪丹娜也愛用的EGYP TIAN MAGIC€25 B
8.薰衣草香味的洗手乳€4.95 A　9.來自普羅旺斯的身體用去角質膏，含黑醋栗和番茄成份€12.90 B　10.最近備受年輕巴黎女子矚目的品牌「Lady Green」的睫毛膏€16.50 B　11.以再生材質製成的餐具海綿刷，2個一組€1.83 A

🔖 食品

1．葵花油醃沙丁魚罐頭€2.75 A　2．帶有微辣口感的花草醬€4.95 有當地中海的香氣 A　3．獲得2013年優秀BIO製品認證的紅色果實奶油酥餅€2.75 A　4．迷你包裝的抹醬€3.99，為蔬菜、香草等5種口味的套組 A

Ⓐ 別冊① MAP P23D4　●瑪黑區

Naturalia

法國規模最大的BIO超市

由於市內有多達42家店鋪，是當地人相當熟悉的超市。不僅提供食材，BIO美妝品的選項也十分多樣，實惠的價格深具吸引力。

> DATA　交M1號線ST-PAUL站步行3分　住59, Rue St-Antoine 4e　☎01 42 74 55 92　時10～20時（週日9～13時）　休無休
> ☑有懂英語的員工

Ⓑ 別冊① MAP P22B3　●瑪黑區

Mademoiselle Bio

以細心服務和龐大商品量著稱

素有「BIO界公主」暱稱的BIO美妝專賣店，品項從經典的美妝產品到廣受巴黎女子支持的新興品牌一應俱全，令人目不暇給。

> DATA　交M1·11號線HÔTEL DE VILLE站步行4分　住28, Rue des Archives 4e　☎01 42 78 30 86　時10～19時30分（週日13時30分～）　休無休
> ☑有懂英語的員工

小小資訊　除了BIO商店外，還有販賣多種天然食品的Bio Génération（別冊①MAP●P14A1）、有機超市Le Retour à la Terre（別冊①MAP●P15C1）等。

遊逛

橫跨塞納河的橋樑、古老的石磚道、公園的行道樹、

古董店、地方的小餐館…。

一面欣賞畫家揮灑在畫布上的風景，

漫步在巴黎的街頭。

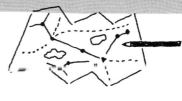

搭船巡遊列入世界遺產的經典觀光景點

迎著舒適的微風
來趟塞納河遊船之旅

以塞納河為中心發展的巴黎，兩岸散布著深具歷史的代表性建築物，
周邊地區已列入世界遺產，可搭乘往來於塞納河的觀光船欣賞巴黎的美麗景色。

Batobus

乘船處 / 別冊①MAP●P8A2等

在艾菲爾鐵塔前等8處設有起訖站，可自由
上下船的水上巴士，大多做為移動時的交
通工具，也可順便感受一下遊船氣氛。
DATA ☎08 25 05 01 01 時10～19時(4月6
日～9月2日為～21時30分)。每20～25分一班
休無休 料1日券€16，2日券€18 E

塞納河的觀光船

塞納河遊船
Bateaux Mouches

乘船處 / 別冊①MAP●P8B1

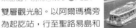

雙層觀光船。以阿爾瑪橋旁
為起訖站，行至聖路易島和
自由女神像後折返，附有語音導覽。
DATA 交M9號線ALMA-MARCEAU站步行2分
☎01 42 25 96 10 時10時15分～22時30分
(10～3月為11～21時30分)等。每20～45分一
班 休無休 料€13.50 E

巴黎遊船
Bateaux Parisiens

乘船處 / 別冊①MAP●P8A2

以艾菲爾鐵塔前為起訖站，
行至聖路易島和耶拿橋後折
返，提供中文語音導覽。
DATA 交M6·9號線TROCADÉRO站步行8分
☎08 25 01 01 01 時10～22時30分
(10～3月為10時30分～22時)等。每30～60分
一班 休無休 料€14 E

Vedettes du Pont-Neuf

乘船處 / 別冊①MAP●P11C2

以西堤島為起訖站，乘船處
在新橋中央的階梯下方。行
至聖路易島和艾菲爾鐵塔後折返。
DATA 交M7號線PONT NEUF站步行2分
☎01 46 33 98 38 時10時30分～22時30分
(11月1日～3月14日為～22時)等。每30～120
分一班 休無休 料€14 E

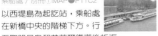

A 艾菲爾鐵塔
La Tour Eiffel

→參考P19

能從船上以仰角拍攝聳立於
塞納河後方的艾菲爾鐵塔，
壯麗的美景為旅途增添迷人
回憶。熠熠生輝的夜間點燈
也十分值得一看。

塞納河上有幾座橋？
架設在巴黎地區流域的橋樑總
共有37座。其中最新的橋樑
是2006年興建的西蒙波娃
橋，最古老的則是1607年完
工的新橋。

巴黎大皇

ALMA-MARCEAU站 M

乘船處
A Batobus
B Bateaux Mouches
C Bateaux Parisiens
D Vadettes du Pont-Neuf

塞納河

M TROCADÉRO站
·夏佑宮

阿爾瑪橋

耶拿橋

比爾·阿肯橋

BIR-HAKEIM站
M

格內爾橋

自由
女神像

A

B 亞歷山大三世橋
Pont Alexandre III

別冊①MAP●P9D1

俄國沙皇為表示親善而出資贈送，
被譽為全巴黎最美麗的橋樑。石柱
上的女神像和雕像相當吸睛。

C 波旁宮
Palais Bourbon

別冊①MAP●P9D1

原本是波旁公爵夫人的宮殿。外觀走
豪華的古代神殿風格，科林斯柱式的
圓柱為拿破崙時代之物。

小小知識 塞納河岸於1991年列為世界遺產，範圍從艾菲爾鐵塔前的耶拿橋沿伸至橫跨聖路易島的敘利橋，總長約8公里。
沙洲的西堤島和聖路易島，以及架設其間的橋樑也包含在內。
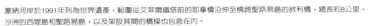

D 奧賽博物館
Musée d'Orsay
→參考P120

隔著塞納河並與羅浮宮博物館斜對望，建築物上層還保留著昔日做為車站時所留下的兩座大鐘，相當顯眼。外牆的最上方還立有多尊女神的雕像。

Check！ 搭95號巴士縱貫巴黎

除了橫貫巴黎的塞納河遊船外，還有行駛於巴黎市區南北向的95號巴士。從南邊的凡夫跳蚤市場→蒙帕納斯→聖日耳曼德佩→橫越塞納河後到右岸。路線行經羅浮宮，接著往歌劇院→蒙馬特。

F 巴黎古監獄
Conciergerie
→參考P88

三座圓錐形的塔樓令人留下深刻印象，這座牢獄也以囚禁瑪麗‧安東尼而聲名遠播。

E 羅浮宮博物館
Musée du Louvre
→參考P116

從皇家橋到藝術橋，橫跨約1公里的美術館，有著十分驚人的占地規模。夜晚點燈後營造出的莊嚴氛圍也不容錯過。

G 巴黎市政廳
Hôtel de ville de Paris
→參考P75

新文藝復興樣式的宏偉建築物。搭乘遊船還能欣賞到側面的美景。

H 巴黎聖母院
Cathédrale Notre Dame de Paris
→參考P20、88

從船上可由正面、側面、背面等不同角度欣賞聖母院的多種風貌。直徑13公尺的南側玫瑰窗也是焦點。

協和廣場

杜樂麗花園

協和橋

桑戈爾行人橋
（索菲利諾橋）

皇家橋

騎兵橋

藝術橋

新橋

PONT NEUF站

西堤島

夏日盛事「巴黎沙灘節」
每年7月中旬～8月中旬約1個月的期間，塞納河沿岸會出現人工海灘。2014年的舉辦地點分別在聖路易島和西堤島之間的右岸，以及拉維雷特公園的運河沿岸。

敘利橋

I 聖路易島
Île St-Louis
別冊①MAP●P12A4

高級住宅區與貴族宅邸林立，可一窺17世紀當時的傳統街景。

J 阿拉伯文化中心
Institut du Monde Arabe
→參考P131

建築物出自努維爾之手。若由敘利橋端眺望，可欣賞到微微的弧形線條。

遊逛 **塞納河遊船**

| Tour Eiffel Passy | Champs- Élysées | Opéra Louvre | Les Châtelet La Cité | Marais Bastille | St-Germain Q. Latin | Montparnasse | Monmartre |

67

從凱旋門到協和廣場

美麗的七葉樹林蔭道
香榭麗舍大道

名牌店、咖啡館比鄰而立，觀光客絡繹不絕的香榭麗舍大道。初夏的新綠、秋天的枫葉，以及冬天的點燈裝飾，漫步在七葉樹的林蔭道上，感受隨著季節變換的多彩風情。

Ⓐ 別冊① MAP P5C3　Le 66

時尚愛好者必訪的大型精品店

1200㎡ 的寬敞店內，集結了從男女運動服飾到當紅的設計師品牌商品。

DATA 🚇M1・9號線FRANKLIN D.ROOSEVELT站步行5分 🏠66 Av. des Champs-Élysées 8e ☎01 53 53 33 80 🕐11時30分〜20時30分（週日13〜20時）休無休

1.進駐的品牌店多達100家以上　2.正如其名，地處香榭麗舍大道66號

Ⓑ 別冊① MAP P4B3　Fouquet's

象徵香榭麗舍大道的咖啡館

創立於1899年的飯店咖啡館。從輕食到豪華全餐料理€80應有盡有，可享受優雅的用餐時光。

DATA 🚇M1號線GEORGE V站步行1分 🏠99, Av. des Champs-Élysées 8e ☎01 40 69 60 50 🕐8時〜翌日2時 休無休 E E

1.也以法國凱撒獎的頒獎典禮場地而聞名　2.女星珍妮摩露也是常客

CHARLES DE GAULLE-ÉTOILE站

Av. De Friedland

凱旋門入口

GEORGE V站

RER

Av. de la Grande Armée

Av. Foch

Av. Marceau

Av. d'Iéna

Av. George V

Rue de

Av. Victor-Hugo

無須多做介紹的香榭麗舍大道象徵地標，凱旋門（→P22）

總有人潮排隊入店的路易．威登本店

M KLÉBER站

Ⓒ 別冊① MAP P4B3　Publicis Drugstore

凱旋門前的時尚商場

廣告傳播集團Publicis Groupe附設的複合式商場。有餐廳、咖啡館、藥妝店等店家進駐，電影院營業至深夜2時。

1.商場內也有食品雜貨店　2.能買到Pierre Marcolini的巧克力€11.90

DATA 🚇M1・2・6號線CHARLES DE GAULLE-ÉTOILE站步行1分 🏠133, Av. des Champs-Elysées 8e ☎01 44 43 77 79 🕐8時〜翌日2時 休無休 E

Ⓓ 別冊① MAP P5C4　Bonbon Watch

巴黎當地的五顏六色手錶

由巴黎知名設計師Alexandra Pisarz所打造的錶店，店內隨時備有超過25款顏色和設計的手錶，富含法式風格。歌劇院和瑪德蓮區也設有門市。

鑲嵌水鑽的「STAR」系列€180〜

DATA 🚇M1・9號線FRANKLIN D.ROOSEVELT站步行3分 🏠15, Bis Rue de Marignan 8e ☎01 42 89 29 05 🕐10時30分〜19時30分 休週日 E

小小知識　香榭麗舍大道的歷史可追溯到17世紀，在設計凡爾賽宮庭園的園藝師勒諾特的規劃下，打造出一條從竣工當時便深受眾人喜愛的大道。法國大革命時，路易十六世被送上斷頭台處決的地點，便是現在的協和廣場。

1.凱旋門是巴黎馬拉松(4月舉辦)的起跑點,也是環法自行車賽(7月舉辦)的終點站 2.香榭麗舍大道上有許多設有露天座的咖啡館

👣 街頭漫步POINT

寬100公尺的香榭麗舍大道,一路從協和廣場延伸至凱旋門,全長約2公里。以FRANKLIN D. ROOSEVELT站為分界,東側是步道,西側是精品店區。若是邊櫥窗購物邊散步大概需要1小時左右。著名的點燈裝飾為11月下旬~1月上旬。

E 別冊① MAP P5C4

大皇宮國家美術館
Grand Palais Galeries Nationales

擁有玻璃圓頂的美術館

1900年因巴黎萬國博覽會所興建的會場,為產業和文化蓬勃發展的美好年代象徵。現在則成為舉辦企劃展等活動的美術館。

DATA 交M1·13號線CHAMPS-ÉLYSÉES-CLEMENCEAU站步行2分 住3, Av. du Général Eisenhower 8e ☎01 44 13 17 17 時10~20時(週三~22時)※僅企劃展舉辦期間 休週二(無企劃展時休館) 料€13(視企劃展而異) **E**

壯觀優美的建築

F 別冊① MAP P18A4

協和廣場
Pl. de la Concorde

見證巴黎歷史的廣場

原本是18世紀所興建的路易十五世廣場,法國大革命後更名為革命廣場。爾後,又取和解之意改名為協和廣場。

DATA 交M1·8·12號線CONCORDE站下車即到 住Pl. de la Concorde 8e

法國大革命當時,曾在這座廣場設置斷頭台

坐落於美麗公園中的馬希尼劇院

方便買齊分送小禮物的Monoprix

FRANKLIN D. ROOSEVELT站

Rue de Marignan

Av. Matignon

D

大皇宮西側的建築物是科學博物館,展有科學相關資料及星象儀,被稱為科學發現的殿堂

Av. F. D. Roosevelt

克里蒙梭廣場

E **H**

香榭麗舍大道

CHAMPS-ÉLYSÉES-CLEMENCEAU站

G

Av. W. Churchill

協和廣場

F

CONCORDE站

G 別冊① MAP P5D4
©FOUIN

小皇宮美術館
Petit Palais, Musée des Beaux-Arts de la Ville de Paris

面中庭的咖啡館舒適宜人

建於巴黎萬國博覽會,現在做為美術館之用。常設展中除了塞尚、莫內等畫家的作品之外,還能免費參觀18世紀的裝飾品收藏。

DATA 交M1·13號線CHAMPS-ÉLYSÉES-CLEMENCEAU站步行2分 住Av. Winston Churchill 8e ☎01 53 43 40 00 時10~18時(週四~20時) 休週一 料常設展免費(企劃展則視展覽而異) **E**

位於大皇宮的正對面,可細細欣賞常設展的收藏品

H 別冊① MAP P5C4

Mini Palais

米其林三星主廚的料理

能輕鬆品嘗知名餐廳Epicure (→P108)主廚Eric Frechon所設計的菜單。

DATA 交M1·13號線CHAMPS-ÉLYSÉES-CLEMENCEAU站步行2分3, Av. Winston Churchill 8e ☎01 42 56 42 42 時10時~翌日2時(用餐~24時) 休無休 **E** **E**

1.紅茶和小蛋糕的套餐Thé Complet €14 2.入口位於塞納河沿岸,與大皇宮美術館分開

Tour Eiffel Passy | **Champs-Élysées** | Opéra Louvre | Les Châtelet La Cité | Marais Bastille | St-Germain Q. Latin | Montparnasse | Monmartre

69

購買高級食材、欣賞莊嚴宏偉的建築物…

體驗名流氛圍
漫步歌劇院地區

巴黎最具代表性的觀光地區之一，也是國際名牌、高級食材專賣店聚集的奢華區域
擁有文化、歷史、藝術、美食等無窮魅力，最好多預留些時間好好遊逛。

饕客御用店

 食品　別冊①MAP P18B2　**Fauchon**

蒐集最高品質食材的食物精品店

1886年創業的老字號高級食品店，精選來自世界各地最高品質的食材。除了紅茶、果醬等基本商品外，還有蛋糕、配菜等多樣美食。有些店鋪在麵包區還設有內用空間。

DATA　交M8·12·14號線MADELEINE站步行1分　住24,26,30, Pl. de la Madeleine 8e　☎01 70 39 38 00　時9～20時　休週日 E

1．瑪德蓮廣場一角有兩間相連的店鋪
2．馬卡龍「Paris」12個盒裝€26　3．以「漫步杜樂麗花園」為意象的特調茶€16　4．草莓與玫瑰花瓣的果醬€7.80

 食品　別冊①MAP P18B2　**Hédiard**

深受巴黎饕客推崇的美食殿堂

1854年於瑪德蓮廣場創業的食品雜貨店，現在1樓陳列著紅茶、咖啡以及葡萄酒、甜點、香料等商品，種類繁多。顧客名單中有不少藝術家、歷任總統等都是本店的常客。

DATA　交M8·12·14號線MADELEINE站步行1分　住21, Pl. de la Madeleine 8e　☎01 43 12 88 88　時9～20時　休週日 E

1．以紅黑色蓬棚為標誌的巴黎本店　2．鵝肉醬€11　3．風味濃郁的水果軟糖。法式水果軟糖6個裝€6.50　4．原創特調紅茶。茶包組€11.50、罐裝蘋果茶100g €17

甜點　別冊①MAP P19C2　**Baillardran**

在巴黎展店的可麗露老舖

本店設於波爾多，擁有特製配方的可麗露專賣店。外皮焦香，內層口感紮實有彈性。

DATA　交M3·7·8號線OPÉRA站步行1分　住12, Bd. des Capucines 9e　☎01 47 42 39 88　時10～19時（週日11時30分～18時）　休無休 E

1．也有販售以可麗露為設計主題的雜貨　2．有3種口味的可麗露€0.80～

街頭漫步POINT

首先參觀景點，購物則安排在下半場。欣賞完OPÉRA站附近的加尼葉歌劇院後，沿著嘉布辛納大道（Bd. Des Capucines）前往瑪德蓮教堂。參觀完教堂後，再到食品店買伴手禮，最後一站才是百貨公司。

芳登廣場（別冊①MAP●P19C3）是1720年為了置放路易十四騎馬像而建造。騎馬像之後在法國大革命時遭到破壞，由拿破崙另外立起了紀念柱

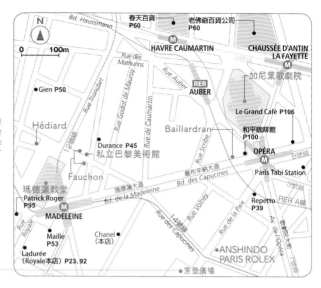

Bd. Haussmann
N
0 100m
Rue des Mathurins
春天百貨 P60
老佛爺百貨公司 P60
HAVRE CAUMARTIN
CHAUSSÉE D'ANTIN LA FAYETTE
Gien P50
Rue Godot de Mauroy
Rue Auber
Rue de Caumartin
AUBER
加尼葉歌劇院
Hédiard
Le Grand Café P106
Baillardran
和平咖啡館 P100
Durance P45
私立巴黎美術館
Rue Scribe
OPÉRA
Fauchon
嘉布辛納大道
Bd. des Capucines
Paris Tabi Station
瑪德蓮教堂
瑪德蓮大道
Patrick Roger P95
Bd. de la Madeleine
Repetto P39
MADELEINE
Rue Royale
Maille P53
Chanel（本店）
ANSHINDO PARIS ROLEX
Rue de la Paix
RER A線
Av. de l'Opéra
Ladurée（Royale本店）P23, 92
Rue de Rivoli
芳登廣場

劇院　別冊① MAP P19C1
加尼葉歌劇院
→P21

美術館　別冊① MAP P18B2
私立巴黎美術館
Pinacothèque de Paris

多元特展引起關注的熱門美術館

2007年開館的巴黎繪畫美術館，曾舉辦過孟克、梵谷的回顧展，以及古文明展覽等特展而深獲好評。位於購物途中可順道造訪的方便地點，2011年更增設放置常設展的別館。

若有感興趣的展覽，相當推薦一訪

DATA 交M8·12·14號線MADELEINE站步行2分 住28 Pl. de la Madeleine 8e ☎01 42 68 02 01 時10時30分～17時30分（週三·五～20時，假日14時～）休無休

教堂　別冊① MAP P18B2
瑪德蓮教堂
Église de la Madeleine

不禁使人聯想起古代希臘神殿

矗立於瑪德蓮廣場中央，1842年完工的基督教教堂。正面的勒梅爾雕刻作品『最後的審判』與科林斯樣式的列柱等裝飾，營造出希臘神殿般的風情。

DATA 交M8·12·14號線MADELEINE站步行1分 住Pl. de la Madeleine 8e ☎01 44 51 69 00 時9時30分～19時（彌撒時間不開放參觀）休無休

1. 環繞建築物的52根圓柱
2. 內部展示有路德的作品『耶穌受洗圖』等

珠寶首飾　別冊① MAP P19C3
ANSHINDO PARIS ROLEX

堪稱法國最高退稅率的錶飾店

販售勞力士等高級鐘錶和珠寶的正規代理店。堪稱擁有法國最高的退稅率16.38%，獲得日本等外國觀光客的支持。

DATA 交M3·7·8號線OPÉRA站步行3分 住8, Rue de la Paix 2e ☎01 40 20 07 65 時11～18時40分 休週日（12/1～12/24的週日照常營業）

絕對物超所值

Tour Eiffel Passy | Champs-Élysées | Opéra Louvre | Les Châtelet La Cité | Marais Bastille | St-Germain Q. Latin | Montparnasse | Monmartre

71

漫步街頭融入巴黎風情

於聖多諾黑街一帶培養美學品味

boutique

巴黎最為優雅的名店街，許多法國高級品牌在此集聚，偶爾還能撞見
貴婦從奢華飯店搭乘專車外出的身影。不妨挺直腰桿，從容優雅地上街逛逛吧。

流行時尚 別冊① MAP P18B4 ## Vanessa Bruno

巴黎女子的必備款托特包

以亮片托特包著名的法國流行品牌。融合簡約、
成熟設計品味的柔和色系服裝和飾品，也很受法
國女性的喜愛。

- -
DATA 交M1號線TUILERIES站步行3分
住12, Rue Castiglione 1er ☎01 42 61 44 60
時10時30分～19時20分 休週日 E

1.散發溫暖氛圍的店內
2.實用的麻布托特包各€160

🐾 **街頭漫步POINT**

走出TUILERIES站往北走約100公尺，就是
Hermès、Gucci、Goyard等精品店林立的聖多
諾黑街。若想小憩片刻，則推薦Jean-Paul Hévin
的茶點沙龍。

包飾 別冊① MAP P19C4 ## Goyard

英國王室的御用老舖

1853年創業，以販售頂級旅行用木箱
起家。典雅的包款很受歡迎，連英國王
室也是愛用者。

- -
DATA 交M1號線TUILERIES站步行5分
住233, Rue St-Honoré 1er ☎01 42 60 57
04 時10～19時 休週日 E

1.高格調的裝潢 2.Marquise系列€1800

巧克力 別冊① MAP P19C4 ## Jean-Paul Hévin

寶石般的夾心巧克力

由獲頒法國最佳工藝師獎的巧克力師Jean-
Paul Hévin所開設的精品店。精緻漂亮、
引人目光的巧克力羅列，宛如寶石一般。

- -
DATA 交M1號線TUILERIES站步行5分
住231, Rue St-Honoré 1er ☎01 55 35 35
96 時10～19時30分(茶點沙龍12～19時)
休週日 E E

1.人氣的覆盆子熱巧克力€6.80 2.獲得法國報紙第一名評
價的馬卡龍，5個裝€7.90

販售手工包包
和皮革小物的
「Longchamp」

MADELEINE

以馬具、皮革
製品起家的
「HERMÈS」

Gucci

Rue Royale
Rue Duphot
Rue St-Florentin
Rue Cambon
12號線

1910年以帽子
專賣店創業的
「Chanel」

Césaire

CONCORDE

利沃里街

杜樂麗花園

N 0 100m

芳登廣場

Vanessa Bruno
聖多諾黑街
巴黎文華東方酒店
P134

Rue du Mont Thabor
Rue de Castiglione

Fifi
Chachnil

TUILERIES

Les Marquis
de Ladurée
P94

Jean-
Paul Hévin

Goyard

Rue St-Honoré
Rue d'Alger
Rue du 29 Juillet

Rue de Richelieu
Rue de Sourdière
Rue St-Roch
Av. de l'Opéra
Rue d'Argenteuil

14號線
PYRAMIDES

淳久堂
書店

Rue des Pyramides

Astier de
Villatte
P50

裝飾藝術
博物館

Colette P41

小小知識 12世紀末建造的聖多諾黑街（Rue St-Honoré）與許多歷史人物有著不小的淵源，也曾留下瑪麗．安東尼的愛人菲爾遜
在115號的店家購買墨水寫信給她的紀錄。

and more… **若想吃日本食物的話…**

PYRAMIDES站周邊，尤其是聖安娜街（Rue Sainte-Anne，別冊①MAP●P19D3）有許多日本料理店，比法國菜來得健康又便宜，因此也深受當地人喜愛。有提供便當的「十時や」和讚岐烏龍麵店「十兵衛」等，每到午餐時間都會大排長龍。

拉麵也很受法國人的歡迎

可從前庭看見艾菲爾鐵塔！

©Lue Boegly

美術館 別冊① MAP P10B1 **裝飾藝術博物館**
Musée des Arts Décoratifs

豐富的室內裝飾收藏

將中世到現代的西歐家具和餐具依年代別展示的美術館。從館方特別設計的陳列方式中，可清楚看出18世紀以後裝飾樣式的細微變遷。藉由重現貴族宅邸等精心規劃的展示，可一窺當時的流行和生活模樣。1960年代以後的椅子收藏品尤其精彩。

DATA 交M1·7號線PALAIS ROYAL-MUSÉE DU LOUVRE站步行2分 住107, Rue de Rivoli 1er ☎01 44 55 57 50 時11～18時(週四~21時) 休週一 料常設展€11(門票與廣告博物館、時裝與紡織品博物館共通)※可使用巴黎博物館通行證(PMP→P9) E

1.1990年代的裝飾藝術風家具 2.優美華麗的新藝術風格裝飾 3.在中世展覽室中重現貴族宅邸的樣貌

1

2
©le musée des Arts Décoratifs

3
©Lue Boegly

女用內衣 別冊① MAP P19C4 **Fifi Chachnil**

擄獲全世界女人心的內衣品牌

彷彿踏入1950年代法國女星房間般的可愛店內，陳列著以精緻蕾絲和緞帶妝點的高雅、優質女用內衣和家居服。

DATA 交M1號線TUILERIES站步行5分 住231, Rue St-Honoré 1er ☎01 42 61 21 83 時11～19時 休週日 E

1.以粉紅色為基調的別緻店內
2.內衣(Bonjour Paris rose) €113，內褲(Poupée minette rose) €70

2

包飾 別冊① MAP P18B3 **Césaire**

法國的新銳包飾設計師

Stéphanie Césaire在經過KENZO等知名品牌的歷練後，於2007年所開設的包飾專賣店。以簡約和純手工製作、帶有溫潤風味的設計為特徵。

DATA 交M1·8·12號線CONCORDE站步行1分 住6, Rue St-Florentin 1er ☎01 42 97 43 43 時11～19時 休週日 E

1

2

3

1.小牛皮材質的Bettina €840
2.皮帶設計很搶眼的Titi Trece €350
3.充滿高級感的優雅包款羅列

Tour Eiffel Passy｜Champs-Élysées｜Opéra Louvre｜Les Châtelet La Cité｜Marais Bastille｜St-Germain Q. Latin｜Montparnasse｜Monmartre

73

年輕人聚集的再開發地區

流行藝術的發信地
夏特雷─磊阿勒

該區以國立近代美術館進駐的龐畢度中心，以及前身為中央市場的磊阿勒商場等複合設施為中心，還有以年輕族群為主要客群的精品店街。

彩色電燈、水管、管狀電扶梯等讓人眼睛為之一亮的嶄新設計

Architectes：Renzo Piano, Richard Rogers
©Photo：Centre Pompidou / G.Meguerditchian

建築物的四周也擺放著藝術作品，前方的廣場有時會有街頭藝人表演

複合設施　別冊①MAP P22A2
龐畢度中心
Centre National d'Art et de Culture Georges Pompidou

世界聞名的現代藝術殿堂

1977年開幕，擁有如工廠般醒目外觀的建築物，是結合了美術館、電影院、圖書館等的複合藝術設施。4、5樓為國立近代美術館，展示畢卡索、馬諦斯等20世紀的作品。

1.從高樓層的跳望視野極佳
2.國立近代藝術美術館的收藏作品多達4萬5000件，特展相當豐富

> DATA
> 交Ⓜ11號線RAMBUTEAU站步行1分　住Pl. Georges Pompidou 4e　☎01 44 78 12 33　時11～21時（視設施而異）　休週二　料觀景空間€3　●國立近代藝術美術館：時11～21時　休週二　料€11～13（視展示內容而異），每月第1週日免費　※可使用巴黎博物館通行證（PMP→P9）Ⓔ

頂樓為餐廳

 Check !　名牌街

位於磊阿勒北側的日間街（Rue du Jour，別冊①MAP●P11C1）和艾蒂安‧馬塞爾街（Rue Étienne Marcel，別冊①MAP●P11D1），有agnès b.等巴黎女子喜愛的品牌店齊聚。

最上層的6樓有可一望巴黎街景的法國餐廳「Le Georges」，請搭中央入口左側的直達電梯

 小小資訊　磊阿勒商場剛整修完畢不久，綠地和地鐵連絡通道等工程則預定於2018年全部完工。不過由於法國工程延宕的情形很普遍，完工日期也很有可能會再往後延。

74

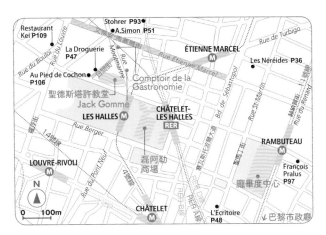

Restaurant Kei P109
Stohrer P93
A.Simon P51
La Droguerie P47
ÉTIENNE MARCEL
Les Néréides P36
Au Pied de Cochon P106
Comptoir de la Gastronomie
聖德斯塔許教堂
Jack Gomme
LES HALLES
CHÂTELET-LES HALLES RER
RAMBUTEAU
LOUVRE-RIVOLI
Rue Berger
磊阿勒商場
François Pralus P97
龐畢度中心
N
0   100m
CHÂTELET
L'Écritoire P48
↙巴黎市政廳

街頭漫步POINT
參觀完龐畢度中心後，可到艾
蒂安・馬塞爾街、日間街尋找
時尚精品。景點眾多的西堤島
（→P88）和店家聚集的瑪黑
區（→P76）也都在步行範圍
內。

遊逛 夏特雷─磊阿勒

複合
設施
別冊①
MAP
P11D1

磊阿勒商場
Forum des Halles

重新整修完畢的綜合娛樂設施
前身是有「巴黎之胃」稱號的中央市場，現在是
附設電影院和游泳池等設施，並與車站直通的購
物中心。開幕至今約30年，長達9年的整修工
程已在不久前順利完工。

DATA 交M4號線LES
HALLES站下車即到
住101, Porte Berger
1er 時10～20時(視設
施而異) 休週日

地下樓層有眾多時尚品
牌等店家進駐

名勝
別冊①
MAP
P22A3

巴黎市政廳
Hôtel de ville de Paris

美好年代樣式的市政廳
在1830年爆發的七月革命中被市民佔領，之後
曾做為革命自治團體據點的歷史性建築。1871
年因巴黎公社事件而燒毀，目前的建築物是依照
當時的模樣修復而成。

DATA 交M1・11號線HÔTEL DE
VILLE站下車即到 住Pl. de l'Hôtel de
Ville 4e ☎無

大時鐘的下方刻有代表三
色旗意義的「自由・平
等・博愛」文字

教堂
別冊①
MAP
P11C1

聖德斯塔許教堂
Église St-Eustache

建於17世紀，以管風琴著稱
的教堂，週日的17時30分～
18時（不定期）可聆聽到管
風琴美麗的音色。

DATA 交M4號線LES HALLES站步行1分
住2, Impasse St-Eustache 1er ☎01 42 36 31 05
時9時30分～19時(週六・日9時～) 休無休

食品
別冊①
MAP
P11C1

Comptoir de la Gastronomie

1894年開業的老鋪食材店，鵝肝醬很受好
評，葡萄酒和火腿類的商品也很豐富，還附
設餐廳，能品嘗使用高級食材烹製的料理。

DATA 交M4號線LES HALLES站步行3分
住34, Rue Montmartre 1er ☎01 42 33 31 32
時6～20時(週一9時～，餐廳12～23時)
休無休

包飾
別冊①
MAP
P11C1

Jack Gomme

由兩位法國人共同經營的包飾品牌
直營店，提供托特包等重視機能性
的設計，款式豐富。

DATA 交M4號線LES HALLES站步行1
分 住6, Rue Montmartre 1er
☎01 40 41 10 24 時11～19時
休週日・一、8月中旬的2星期 E

上班通勤可用的包款
Albion €155

Tour Eiffel Passy | Champs-Élysées | Opéra Louvre | Les Châtelet La Cité | Marais Bastille | St-Germain Q. Latin | Montparnasse | Monmartre

75

時髦店家聚集的人氣區域

到引領時尚潮流的瑪黑區購物

因18世紀貴族移居此地而帶動繁榮的瑪黑區，有許多由舊建築改裝的博物館和時尚精品店。
如果逛累了，就選家咖啡館休息一下吧。

 咖啡·食品　別冊①MAP P23D1

Poilâne Cuisine de Bar

週日也有營業！老麵包店的隱密咖啡館

2012年開業，由知名麵包店經營的咖啡館兼精品店。能品嘗到以招牌商品的鄉村麵包、混合麵包切片，搭配新鮮食材的外餡三明治以及蘋果塔等美味餐點。

DATA　㊥M8號線FILLES DU CALVAIRE站步行4分　㊑38, Rue Debelleyme 3e　☎01 44 61 83 40　㊞10～17時30分（週六·日9～16時30分）　㊡週一

1.酪梨與鰲蝦的外餡三明治€11.50
2.在咖啡館旁的小賣場能買到所有種類的麵包和糕點　3.可愛小狗圖案的亞麻布包包€36　4.湯匙型奶油酥餅16個裝€6.70，依季節變換口味的叉子型奶油酥餅16個裝€6.95　5.6.900g的罐裝奶油酥餅「Punitions」€39.90

流行時尚　別冊①MAP P23C3

Des Petits Hauts

姊妹倆打造的可愛女孩風服飾

由姊妹檔Katia和Vanessa於2000年成立的服裝工作室。取「可愛上衣」之意做為品牌名稱，以柔軟、輕盈質料呈現出的女性風格設計很受歡迎。

DATA　㊥M1號線ST-PAUL站步行3分　㊑24, Rue de Sévigné 4e　☎01 48 04 77 25　㊞10時30分～19時30分（週日·一為14時～）　㊡無休 Ⓔ

1.店內擺滿了繽紛可愛的衣服
2.入口很小，請留意別走過頭了

流行時尚　別冊①MAP P23C3

Claudie Pierlot

體現巴黎女人品味的設計

1985年誕生的服飾品牌。風格簡約、帶點復古元素，但又不退流行的優雅設計博得好評。不論熟女還是女孩穿起來都很適合。

DATA　㊥M1號線ST-PAUL站步行5分　㊑30, Rue des Francs Bourgeois 4e　☎01 57 40 69 77　㊞10時30分～20時　㊡無休 Ⓔ

1.位於自由民街上。店內隨時都有新品上架　2.外型復古的皮包€250

 小小資訊　ST-PAUL站周邊的瑪黑區也是猶太人街，可以在此買到猶太點心、貝果、起司蛋糕等。從卡納瓦雷博物館再往上走的北瑪黑區，則是有不少風格新穎的精品店、名品店坐落的時尚地區。

買零食就來這兒

口袋餅 €5.50〜

Chez Marianne

小吃／別冊①MAP●P23C3

店內販售中東口味的三明治——口袋餅，以皮塔餅夾鷹嘴豆可樂餅等配料，佐優格醬享用。

DATA 交M1號線ST-PAUL站步行4分 住2, Rue des Hospitalières St-Gervais 4e ☎01 42 72 18 86 時12〜24時 休無休 E

Maison Georges Larnicol

甜點／別冊①MAP●P23C4

曾獲法國最佳工藝師殊榮的布列塔尼巧克力師一手打造的布列塔尼糕餅店。

DATA 交M1號線ST-PAUL 站步行1分 住14, Rue de Rivoli 4e ☎01 42 71 20 51 時9時30分〜22時（週五〜23時，週六〜24時） 休無休 E

法式焦糖奶油酥的迷你版「Kouignettes」約€2.50/100g

飾品　別冊①MAP P23C1

Les Fées

以植物和動物為主題的雜貨

店內陳列著許多將兔子、香菇等動植物融入設計的餐具、生活雜貨，也有色調沉穩、走成熟可愛風格的商品。

DATA 交M8號線ST-SÉBASTI EN-FROISSART站步行8分 住19, Rue Charlot 3e ☎01 43 70 14 76 時11〜20時（週一14〜18時，週日12〜18時） 休無休 E

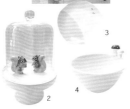

1. 位於夏赫洛街（Rue Charlot）的街角，地下樓的商品也不可錯過
2. 玻璃罩€20、台座€15、松鼠裝飾品€10
3. 螞蟻茶杯€20
4. 香菇茶杯€80

咖啡館　別冊①MAP P23C2

La Perle

時尚人士聚集的咖啡館

瀰漫1960年代氛圍的咖啡館，營業時間從清晨至深夜，在附近成立工作室的設計師也常來光顧。

DATA 交M8號線ST-SÉBASTIEN-FROISSART站步行8分 住78, Rue Vieille du Temple 3e ☎01 42 72 69 93 時6時30分〜翌2時（週六・日8時〜） 休無休 E

甜點　別冊①MAP P23D1

Popelini

可愛的小泡芙

由泡芙發明者所開設的奶油泡芙專賣店。基本口味有9種，每週還會推出1款特製口味。泡芙1個€1.95。

DATA 交M8號線FILLES DU CALVAIRE站步行4分 住29, Rue Debelleyme 3e ☎01 44 61 31 44 時11〜19時30分（週日10〜18時） 休週一

🐾 街頭漫步POINT

以自由民街和聖殿老街（Rue Vieille du Temple）為中心，時尚精品店聚集。小巷中也有許多隱密的店家，不妨在咖啡館小憩片刻後再慢慢遊逛吧。

主要藉由貴族宅邸重現巴黎歷史的卡瓦納瓦富博物館（別冊①MAP●P23C3）。貴族房間的展示很值得一看

美麗的孚日廣場（別冊①MAP●P23D4），周圍坐落著17世紀興建的宅邸，法國文豪雨果也曾居住於此

Tour Eiffel Passy | Champs-Élysées | Opéra Louvre | Les Châtelet La Cité | Marais Bastille | St-Germain Q. Latin | Montparnasse | Monmartre

77

個性商店聚集的巴士底

巴黎文青「BOBO族」最愛的地區

新歌劇院所在的巴士底一帶，仍保有許多歷史性古蹟，並有美好年代的懷舊咖啡館、個性洋溢的時髦店家共存的流行發信地，不妨來這充滿魅力的街區逛逛。

雜貨　別冊①　MAP　P13C3

Loulou Addict

由喜愛室內設計的老闆精選出巴黎風餐具

販售老闆親自選購的居家生活雜貨和餐具，以北歐和法國的製品為主，其中又以GreenGate和Cath Kidston的商品最為齊全。

DATA　⊗M1・5・8號線BASTILLE站步行7分　⊕25, Rue Keller 11e　☎01 49 29 00 61　時10時30分〜14時、15〜19時　休週日・一　Ｅ

價格合理最適合買下當伴手禮

老闆 Celine小姐

馬上買下去！

1.展示櫥窗內的小鳥即店家標誌　2.以回收布料製成的化妝包€23
3.用途廣泛的小盒子€27
4.餐具類商品擺滿店內各個角落，小圓點圖案的繽紛咖啡歐蕾碗€13

馬上買下去！

雜貨　別冊①　MAP　P13C4

Les Fleurs

有各式各樣的可愛商品！

廣蒐備受巴黎女子矚目的流行雜貨精品店，店內隨處可見以花、鳥、兔子等為主題的製品以及五顏六色的文具，讓人看了就開心。

DATA　⊗M號線LEDRU-ROLLIN站步行4分　⊕6, Passage Josset 11e　☎01 43 55 12 94　時12時〜19時30分　休週日　Ｅ

有許多巴黎時下最流行的商品喔

店員 Laurence小姐

1.墜飾為愛情瓶中信的項鍊€59　2.陶製的可愛白貓戒指€62　3.商品塞滿整間店面的光景，光瀏覽便是一種趣味，也可作為室內擺設的參考　4.以日本人偶為設計概念的人氣商品　5.古董藝術品€24　6.店家位於從夏宏街（Rue de Charonne）拐進去的小巷弄內

小小知識　BOBO族為「布爾喬亞＆波希米亞（Bourgeois-Bohème）」的簡稱，意指比起傳統更對新鮮事物感興趣，偏好波希米亞生活型態的30〜40歲富裕族群，當中也有不少人追求貼近自然的生活。

📍 街頭漫步POINT

走出LEDRU-ROLLIN站後，沿著勒德律‧霍藍大街往北走，便是雜貨店、精品店、咖啡館等集聚的區域。往巴士底廣場的方向走，則有入夜後仍然十分熱鬧的商店街。

巴士底廣場（別冊①MAP●P12B3）原本是監獄所在地，在法國大革命時成為重要據點。為了悼念七月革命的犧牲者，廣場中央矗立著一座紀念碑。

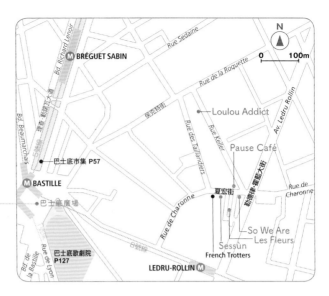

地圖標示：
Rue Sedaine
Bd. Richard Lenoir
Ⓜ BRÉGUET SABIN
Rue de la Roquette
窄克特街
Rue des Taillandiers
Rue Keller
Av. Ledru Rollin
Bd. Beaumarchais
理查‧勒努瓦大道
Loulou Addict
Pause Café
巴士底市集 P57
Ⓜ BASTILLE
夏宏街
勒德律‧霍藍大街
Rue de Charonne
巴士底廣場
So We Are
Les Fleurs
Sessùn
French Trotters
Rue de Charonne
白酒站
巴士底歌劇院 P127
Bd. de la Bastille
Rue de lyon
LEDRU-ROLLIN Ⓜ
0　100m
N

遊遊 巴士底

流行時尚　別冊① MAP P13C3

So We Are

精選歐洲設計師的作品

這間精品店就在人氣名品店集中的夏宏街（Rue de Charonne），有來自歐洲各國設計師的服裝、雜貨以及茶品、美妝品等商品，風格年輕又價格實惠，讓人趨之若鶩。

DATA 交Ⓜ8號線LEDRU-ROLLIN站步行4分　住40, rue de Charonne 11e　☎09 82 37 63 91　時11時30分～19時30分（週一13時30分～）　休週日

1.由美容院改裝而成的店鋪 2.最新潮流商品一覽無遺的店內 3.倫敦品牌Sister Jane的洋裝€85 4.巴黎品牌Bobbies的短靴€165 5.可愛的大蝴蝶結髮夾€7.90

挖掘歐洲的年輕設計師品牌

馬上買下去！

老闆 Magali小姐

流行時尚　別冊① MAP P13C3

Sessùn

簡約成熟的法式休閒風

誕生於馬賽的女裝品牌，目前在法國深受矚目。繽紛的色彩、自然可愛的休閒風格，正是這間店人氣居高不下的祕訣。

DATA 交Ⓜ8號線LEDRU-ROLLIN站步行4分　住34, Rue de Charonne 11e ☎01 48 06 55 66　時11～19時　休週日、8月中的3週 Ⓔ

咖啡館　別冊① MAP P13C3

Pause Café

深獲巴黎女子愛戴的別緻空間

曾出現在電影《尋找一隻貓》中的咖啡館，古典風格的裝潢加上設計活潑的家具，宛如藝廊般的空間很受年輕人的喜愛，餐點種類也很豐富。

DATA 交Ⓜ8號線LEDRU-ROLLIN站步行4分　住41, Rue de Charonne 11e ☎01 48 06 80 33　時8時～翌日2時（週日為9～19時）　休無休 Ⓔ

Tour Eiffel Passy | Champs-Élysées | Opéra Louvre | Les Châtelet La Cité | Marais Bastille | St-Germain Q. Latin | Montparnasse | Monmartre

79

許多哲學家和思想家不禁深受著迷

訴說著歷史與文化的
聖日耳曼德佩

以聖日耳曼德佩教堂為中心，曾經是文化與藝術重鎮的繁榮街區。
文人常造訪的老咖啡館坐落其間，歷史與現今交錯的街景瀰漫著優雅的氛圍。

教堂　別冊①MAP P21C2

聖日耳曼德佩教堂
Église St-Germain des Prés

哲學家笛卡爾長眠的巴黎最古老教堂

為了供奉聖物，建造於542年的修道院附屬教堂。
為巴黎歷史最悠久的羅馬式教堂，自576年巴黎主
教聖日耳曼埋葬此地後，就改為現在的名稱。這
座莊嚴宏偉的建築，已成為該地區的象徵地標。

尖屋頂鐘樓

三角屋頂的鐘樓建於11
世紀初期，下方即聖日
耳曼的長眠之地

DATA　交M4號線ST-GERMAIN-DES-PRÉS站步行1分
住3, Pl. St-Germain des Prés 6e　☎01 55 42 81 10
時8～19時45分(彌撒期間禁止參觀)　休無休　E

1.於10～11世紀歷經改
建，內部為哥德樣式與
羅馬樣式混合的罕見構
造　2.入口左側的公園
有畢卡索的作品「阿波
里奈爾像」

☕ 到對面的咖啡館小憩片刻

教堂對面有許多高格調的咖啡館，也曾
經是20世紀初文學家的聚集之地。

雙叟咖啡館→P100
19世紀創業，也會舉
辦文學獎的老舖咖啡館

花神咖啡館→P32
自1887年創業以來便
是名流聚集的茶點沙龍

教堂　別冊①MAP P21C4

聖修爾皮斯教堂
Église St-Sulpice

巴黎規模第二大的教堂

建於18世紀。寬約58公尺、深約115
公尺，是規模僅次於巴黎聖母院的新
古典主義教堂，又以世界最大的管風
琴而廣為人知。

DATA　交M4號線ST-SULPICE站步行5分
住2, Rue Palatine 6e　☎01 42 34 59 98
時7時30分～19時30分　休無休　E

1.禮拜堂內還保留著德拉克洛瓦所繪
的壁畫作品　2.也因電影《達文西密
碼》的取景而備受矚目

 小小知識　聖修爾皮斯教堂在電影《達文西密碼》中是一個重要的場景，劇情提及玫瑰線(子午線)通過教堂內，位於前方的方尖碑(紀念碑)底下藏有隱藏著關鍵秘密的拱心石。

🐾 **街頭漫步POINT**

參觀完聖日耳曼德佩教堂後，可前往聖修爾皮斯教堂附近購物，邊往盧森堡公園的方向走。拉丁區（→P82）和蒙帕納斯（→P84）也都在步行範圍內。

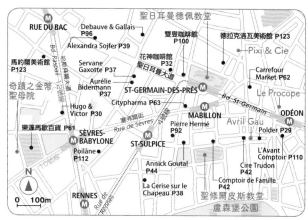

店內陳列著肖像畫和書籍，散發沉穩氛圍

法國菜　別冊① MAP P21D3

Le Procope

巴黎咖啡文化的發源地

創始於1686年，巴黎最古老的咖啡館，也以盧梭等哲學家、詩人聚集而名聞遐邇。現在則是法國菜餐廳。

DATA 交M4・10號線ODÉON站步行1分 住13, Rue de l'Ancienne Comédie 6e ☎01 40 46 79 00 時8時～翌日2時（週六・日～翌日1時）休無休 🄴🄴

冰淇淋和雪酪的拼盤€13

販售以優質皮革製作的鞋款和皮包↓

皮革製品　別冊① MAP P21D3

對面左手邊即為兒童取向的姐妹店↓

模型雜貨　別冊① MAP P21C2

Avril Gau

出身名牌的精品店

曾為CHANEL、LOEWE等名牌鞋設計的女設計師所獨立架設的1號店。除了鞋子外，還有包包和皮革小物。

DATA 交M4・10號線ODÉON站步行3分 住17, Rue des Quatre Vents 6e ☎01 43 29 49 04 時11～19時30分（週一13時～）休週日

Pixi & Cie

法國卡通人物大集合

知名玩具模型製造商的直營店，販售Barbapapa、小王子、丁丁歷險記等的雜貨和模型，2樓為美術館。

DATA 交M4號線ST-GERMAIN-DES-PRÉS站步行3分 住6, Rue de l'Echaudé 6e ☎01 46 33 88 88 時11～19時 休週日・一

🏷 稍微走遠一些 ～+～+～+～+～+～+～+～+～+～+～

公園　別冊① MAP P10B4

盧森堡公園
Jardin du Luxembourg

王妃下令建造，巴黎市內最大的優雅公園

巴黎市内最大的公園，前身是宮殿的庭園。園內散佈著100多座雕像，當中也有羅丹和查德金的作品。

義大利式庭園為巴黎人的休憩場所

DATA 交M4號線ST-SULPICE站步行7分 住Rue de Medicis 6e 時7時30分～日落（11～3月8時15分～）

園内的人偶劇場在每週三・六・日都會上演童話劇，門票€4.80

教堂　別冊① MAP P10A4

奇蹟之金幣聖母院
La Chapelle Notre Dame de la Médaille Miraculeuse

建於1830年，能帶來好運的奇蹟金幣

這座教堂流傳一則傳說，據說受聖母啟示後向民眾分發金幣，因而遏止了傳染病的蔓延，從此以後，能帶來好運的奇蹟金幣聲名遠播。

DATA 交M10・12號線SÈVRES-BABYLONE站步行2分 住140, Rue du Bac 7e ☎01 49 54 78 88 時7時45分～19時 休無休 🄴

1.金幣（銀鍍金）10個€2.20。賣店有9～13時、14時30分～19時 2.瀰漫著莊嚴氛圍的祭壇

坐擁無數歷史景點、平價食堂和書店

感受巴黎的日常
大學城拉丁區

以索邦大學為中心發展出精力充沛的學生街。
透過萬神殿和博物館等歷史建築物、小店、熱鬧的市場等，
可一窺巴黎人的日常生活模樣。

🐾 街頭漫步POINT
以Ⓜ CLUNY-LA SORBONNE站為
起點，逛逛車站周邊的書店後，接
著參觀索邦大學、萬神殿等景點。
於慕夫塔街（Rue Mouffetard）休息
用餐後，再前往植物園。所需時間
約3小時。

學生聚集的地點

 別冊① MAP P11C4
索邦大學
L'Université Paris-Sorbonne

歷史建築物林立的巴黎名門大學

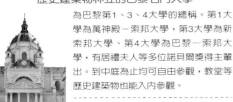

為巴黎第1、3、4大學的總稱。第1大
學為萬神殿－索邦大學，第3大學為新
索邦大學、第4大學為巴黎－索邦大
學，有居禮夫人等多位諾貝爾獎得主輩
出。到中庭為止均可自由參觀，教堂等
歷史建築物也能入內參觀。

DATA 交Ⓜ10號線CLUNY-LA SORBONNE站
步行3分 住47, Rue des Écoles 5e
☎01 40 46 22 11 時9～17時 休週六‧日

校舍為拉丁區的象徵地標

 別冊① MAP P15C1
萬神殿
Panthéon

多位法國偉人的長眠之地

路易十五病情痊癒後，於1790年
在聖熱納維埃夫山丘興建了新古
典主義樣式的教堂，之後成為對
法國有所貢獻的偉人們安眠的神
殿，大文豪雨果和哲學家盧梭都
安葬在地下的墓室。

高84公尺的大圓頂
下，有大仲馬在此
安眠

DATA 交Ⓜ10號線CARDINAL LEMOINE站步行4分
住Pl. du Panthéon 5e ☎01 44 32 18 00 時10～18時
30分（10～3月為～18時） 休無休 料€7.50
※可使用巴黎博物館通行證（PMP→P9）Ⓔ

 別冊① MAP P11C4
Eyrolles

引進各式各樣的書籍

提供法語出版物的大型書店，從針對大學生的專
業書籍到攝影集、工具書等各方領域一應俱全。
巴黎地圖則在別館販售。

1

DATA 交Ⓜ10號線CLUNY-LA SOR
BONNE站步行2分 住55,57,61,63,
Bd. St-Germain 5e ☎01 44 41 11
74 時9時30分～19時30分（週六～
20時） 休週日 Ⓔ

3

1.口袋大小、攜帶方便的巴黎市內地
圖€5.50 2.寬敞店內整齊排列的藏
書 3.也能買到平面藝術相關書籍
€40等專門書

 別冊① MAP P11C4
Gibert Joseph

巴黎年輕人最愛的流行文具

被暱稱為「Gibert」的知名書店，除了引進大量
的雜誌和書籍外，筆記本、日誌等設計別緻的文
具商品也很豐富。

DATA 交Ⓜ10號線CLUNY-LA
SORBONNE站步行3分 住26-
34, Bd. St-Michel 6e
☎01 44 41 88 88 時10～20
時 休週日 Ⓔ

2

3

1.以藍色招牌和黃色字體
為標誌 2.花朵形狀的便
利貼€5.80 3.學生最愛用
的「Clairefontaine」多彩
筆記本€1.80

 小小知識 「Quartier」代表地區，「Latin」為拉丁文之意。由於早期該地區的神學家以拉丁文為公用語，所以後來就稱為
「拉丁文的地區」。

Gibert Joseph / CLUNY-LA SORBONNE Ⓜ / MAUBERT MUTUALITÉ Ⓜ / 克呂尼中世紀美術館 P122 / Itinéraires / Bd. St-Germain / Rue des Écoles / Eyrolles / Diptyque P45 / La Maison Kayser P113 / 阿拉伯文化中心 P131 / Laurent Dubois P53 / Le Bonbon au Palais P99 / Tout Noté P49 / 索邦大學 / CARDINAL LEMOINE Ⓜ / Frank Kestener P97 / RER LUXEMBOURG / 萬神殿 / JUSSIEU Ⓜ / Le Buisson Ardent / 慕夫塔街 / 生物演化藝廊 / 植物園 / PLACE MONGE Ⓜ / 0 200m

Check 在"巴黎之胃"沿路嘗鮮

長約600公尺的慕夫塔街(別冊①MAP●P15D2)上,有小餐館、咖啡館、市集比鄰而立。葡萄酒專賣店、食材店及世界各國餐廳齊聚,因此又有『巴黎之胃』的別稱。有不少店家週一公休,出發前請多留意。

蔬菜和水果等新鮮食材羅列

小餐館 別冊① MAP P15D1

Le Buisson Ardent

能輕鬆享用的物超所值小餐館

位於巴黎第6大學旁,在當地也極具話題性的新型小餐館。能品嘗將香煎小牛肝等傳統佳餚佐以特殊香料調味的現代法國菜。午餐2道€25~、晚餐3道€41~,實惠的價格也是人氣的秘密之一。

DATA 交Ⓜ7·10號線JUSSIEU站步行1分 住25, Rue Jussieu 6e ☎01 43 54 93 02 時12時30分~14時、19時30分~22時(週日僅12時30分~14時) 休無休 Ⓔ

1.藉由添加香料創作出獨特的異國風味。2.改裝自1925年的建築物,主樓的壁面上還有壁畫裝飾

法國菜 別冊① MAP P11D4

Itinéraires

人氣新銳主廚的新世代法國菜

巴黎人氣年輕主廚Sylvain Sendra於2008年開幕的法國餐廳。將食材美味發揮到極致的餐點,每一道都有宛如藝術品般的繽紛色彩。

DATA 交Ⓜ10號線MAUBERT-MUTUALITÉ站步行5分 住5, Rue de Pontoise 5e ☎01 46 33 60 11 時12~14時、20~22時(週五·六12~14時、20~23時) 休週日、一、8月 ※需預約 Ⓔ

1.設有吧檯座,單獨前來也能愜意享用。2.午間菜單€45~,晚間菜單€65~

 稍微走遠一些 ～✝～✝～✝～✝～✝～✝～✝～✝～✝～✝～✝～✝～✝～✝～

博物館 別冊① MAP P15D2

生物演化藝廊
Grande Galerie de l'Évolution

將世界各地蒐集的標本依年代別展示

位於植物園內,1889年開幕的博物館。在4層樓高、約6000㎡的廣大空間中,豪氣展示7000具以上的動物標本。

DATA 交Ⓜ7號線PLACE MONGE站步行4分 住36, Rue Geoffoy St-Hilaire 5e ☎01 40 79 54 79 時10~18時 休週二 料€7 Ⓔ

1.絕不可錯過2樓中央的動物遊行隊伍。2.從外觀很難想像內部別有洞天

公園 別冊① MAP P15D2

植物園
Le Jardin des Plantes

設有博物館和動物園的綠地公園

前身為1635年創立的皇家藥草園,現在則成為市民休憩的公園。腹地內還有國立自然史博物館和動物園等設施。

DATA 交Ⓜ7號線PLACE MONGE站步行4分 住57, Rue Cuvier 5e ☎01 40 79 56 01 時8~18時 休無休 料植物園免費入園,其他則視設施而異

1.溫室在入夜後會點上燈飾。2.熱帶植物茂密生長的大溫室,門票€6

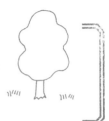

造訪藝文人士熱愛的蒙帕納斯

畢卡索和夏卡爾留下諸多名作之地

20世紀初，離開蒙馬特的藝術家最後的落腳地即蒙帕納斯。漫步在與藝術家深具淵源的工作室、咖啡館、文人雅士長眠的墓園，讓思緒馳騁於當時的藝文風情中。

1.白色大門與綠意的對比讓人印象深刻 2.自然光灑落的展示空間

1 別冊① MAP P14A2

蒙帕納斯博物館
Musée du Montparnasse

展示巴黎畫派作品的美術館

入口被常春藤枝蔓纏繞的隱密博物館。前身是1910年代由俄羅斯女畫家Marie Vassilieff為貧窮藝術家所開設的餐館，現在是以巴黎畫派藝術家為主的企劃展場地。

DATA 交M4·6·12·13號線MONTPARNASSE-BIENVENÜE站步行2分 住21, Av. du Maine 15e ☎01 42 22 91 96 時12時30分～19時 休週一 料€6

  步行12分

2 別冊① MAP P14A3

蒙帕納斯墓園
Cim. du Montparnasse

巴黎面積第二大的墓園

是許多生前居住於左岸的名人長眠地。廣大腹地內除了天主教外，也有各宗教派別的陵墓，廣布著能窺見逝者個性的各式不同風格墓碑。

DATA 交M6號線EDGAR QUINET站步行3分 住3,Bd. Edgar Quinet 14e ☎01 44 10 86 50 時8～17時30分（週六8時30分～、週日9時～，11月6日～3月15日為～17時）休無休 料免費

雖地處市區，腹地內瀰漫著肅穆的氛圍，務必遵守參觀禮儀

長眠於蒙帕納斯墓園的名人

象徵主義詩人波特萊爾、以汽車業致富的實業家安德烈·雪鐵龍、攝影家曼·雷等人都安葬於此。請先參考入口右手邊的立牌標示確認墓園地圖。

珍·西寶
Jean Seberg

出身美國的演員，代表作為《斷了氣》，在《日安憂鬱》中飾演主角瑟西爾，一頭俐落短髮蔚為風潮。1979年逝世，墓碑位於入園後第2條走道的北大街上。

塞吉·甘斯伯
Serge Gainsbourg

歌手、電影導演、演員，也以多情男著稱，與第3任妻子珍·柏金所生下的女兒便是知名歌手及演員夏綠蒂·甘斯伯。1991年過世，墓碑位於中央東側。

尚一保羅·沙特與西蒙·波娃
Sartre et Beauvoir

存在主義的哲學家沙特與同樣為哲學家的伴侶西蒙·波娃。沙特於1980年過世、西蒙·波娃1986年過世，墓碑位於入園後的西側。

 小小資訊 蒙帕納斯散布著許多深受文人雅士喜愛的老咖啡館，不妨去夏卡爾生前常去的「圓亭咖啡館」（→P101）、也曾在海明威小說中提及的「菁英咖啡館」（→P101）坐坐。

步行10分

別冊①
MAP
P14B4

3 地下墓穴
Les Catacombes

堆放數百萬人遺骨的地下墓園

沿著130階的樓梯而下，往前走約500公尺，即整面牆堆滿人骨的空間。這裡為18世紀末建造的遺骨安置所，容納了數百萬具的骨骸。

昏暗的空間中堆滿著骨骸

DATA 交M4·6號線DENFERT-ROCHEREAU站步行1分
住1, Av. du Colonel Henri Rol-Tanguy 14e ☎01 43 22 47 63 時10〜20時(入場〜19時) 休週一 料€10 E

 步行8分

別冊①
MAP
P14B2

4 首鄉街
Rue Campagne Première

藤田嗣治也曾定居過的工房街

20世紀初，藤田嗣治等藝術家紛紛在此地成立工作室。門牌標示31號，有著十分搶眼的裝飾藝術風外觀的建築物，便是曼·雷曾居住過的宅邸。如今仍有許多藝術家住在這兒。

街道上整齊林立的建築物風色調也很迷人

DATA 交M4·6號線RASPAIL站步行1分 住Rue Campagne Première 14e

 步行10分

別冊①
MAP
P14A2

5 蒙帕納斯大樓
Tour Montparnasse

宛如蒙帕納斯區燈塔般的存在

高210公尺、59層樓的高層大樓。為巴黎改造計畫中的一環而建，現在已成為左岸的地標。頂樓設有餐廳和觀景台。

1973年建造當時也曾引起破壞景觀的爭議

DATA 交M4·6·12·13號線MONTPARNASSE-BIENVENÜE站步行1分 住33 Av. du Maine 15e 時9時30分〜22時30分(週五·六〜23時，4〜9月為〜23時30分) 休無休 料觀景台€14.50

遊逛 蒙納帕斯

👣 街頭漫步POINT

以蒙帕納斯站為起點。除了蒙帕納斯博物館和工房街外，還保留著昔日藝術家光顧時風貌的咖啡館也集中在蒙帕納斯大道上。可沿路品嘗法式薄餅，享受美麗的街景。全部繞上一圈約需3〜4小時。

Check! **在可麗餅街吃遍法式美味**

可麗餅原本是布列塔尼地區的鄉土料理。蒙帕納斯站有開往布列塔尼的班次，在車站附近有許多能品嘗到正統可麗餅的店家，多集中於蒙帕納斯街(Rue du Montparnasse)上。

Crêperie de Josselin

別冊①MAP●P14A2

老闆出身布列塔尼，能在此吃到地道的可麗餅。除了有用麵粉製作的甜可麗餅外，還有以蕎麥粉為原料的法式薄餅，可搭配蘋果酒一起享用。

DATA 交M6號線EDGAR QUINET站步行2分 住67, Rue du Monparnasse 14e ☎01 43 20 93 50 時12〜23時 休週日·一 E E

1.餅皮使用蕎麥粉，上面放菠菜、起司、培根和蛋等配料的法式薄餅€9.90
2.在蒙帕納斯街沿路的店家中擁有超高人氣

Tour Eiffel Passy | Champs-Élysées | Opéra Louvre | Les Châtelet La Cité | Marais Bastille | St-Germain Q. Latin | Montparnasse | Monmartre

85

找尋藝術般的浪漫景色…

走訪藝術家深深著迷的蒙馬特山丘

風車小屋散佈的農地山丘，即19～20世紀期間藝術家聚集的蒙馬特。
深受許多藝術家喜愛的田園風光如今依舊，可一窺名畫所描繪出的世界。

1.3座圓頂的設計充滿異國風格
2.正面入口的上方有2座綠色的騎士雕像

←很受觀光客歡迎的小列車Petit Train
↑被茂密綠意環抱的蒙馬特葡萄園

別冊①
MAP
P25C2

1 聖心堂
→P22

 步行2分

別冊①
MAP
P25C3

2 小丘廣場
Place du Tertre

畫家齊聚一堂的著名廣場

直到19世紀中葉前是個幽靜的廣場，如今是吸引大批觀光客前來遙想蒙馬特畫家的熱鬧景點。在咖啡館和伴手禮店包圍的廣場，畫家販售著個人的創作或替遊客繪製肖像畫。

DATA 交M12號線ABBESSES站步行5分

1.販售風景畫、靜物畫等多樣畫作　2.若要請畫家畫人像，請先談好價錢

 步行4分

別冊①
MAP
P25C2

3 蒙馬特博物館
Musée de Montmartre

活躍於17世紀的畫家工作室

於知名畫家所居住過的住宅，展示蒙馬特的相關資料和多位畫家的作品。2014年10月新館開幕。

DATA 交M12號線LAMARCK-
CAULAINCOURT站步行5分
住12/14, Rue Cortot 18e
☎01 49 25 89 41　時10～
18時　休無休　料€9 E

雷諾瓦和杜菲也曾居住於此

步行6分

別冊①
MAP
P24B3

4 洗衣舫工作室
Le Bateau-Lavoir

年輕藝術家致力創作的工作室

畢卡索、馬諦斯等藝術家曾居住過，同時也是做為藝術活動據點的工作室。雖然1970年遭祝融燒毀，仍可從建築外觀欣賞展示當時文獻的紀念碑。

DATA 交M12號線ABBES
SES站步行3分　住13, Pl. E.
Goudeau 18e　料免費

因為外觀很像塞納河上洗滌衣物的船而得此名

小小資訊

梵谷於1886年起的兩年間，與弟弟席歐同住的公寓（別冊①MAP●P24A2）雖然內部無法參觀，但建築物外掛有銘牌。
以作家馬歇爾．埃梅為名的廣場上，立有名作「穿牆人」（別冊①MAP●P24B2）的雕像。

街頭漫步POINT

遊遊隨處都有坡道的蒙馬特
時,可善用以下3種交通工
具。

【Funiculaire】
前往聖心堂很方便的電纜車。
時6時15分~翌日0時15分,
約每3分一班,所需時間1分
料€1.70 ※可使用地鐵車票

【Petit Train】
附法語、英語導覽,行經紅磨
坊、聖心堂等景點的巡迴小列
車。乘車地點在BLANCHE站
前和小丘廣場前2處。時10~
18時(6~9月為0時30分~24
時),約每30分一班,所需
時間30~45分 料€6.50

【Montmartrain】
行駛路線幾乎與Petit Train相
同。乘車地點在PIGALLE站前
和聖心堂2處。時10~18時
(7、8月為9時30分~24
時),約每30分一班,所需
時間30~40分 料€5

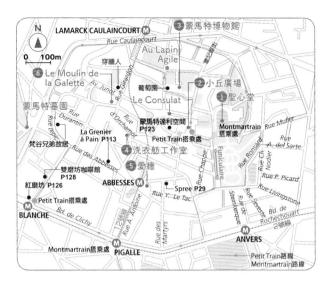

♪♪ 步行3分

---

5 別冊① MAP P24B3 **愛牆**
Le Mur des je t'aime →

寫滿「我愛你」的長牆

在小公園一角的牆面上,貼著612片
用世界各國語言寫下「Je t'aime(我
愛你)」的藍色瓷磚,是廣受巴黎市
民喜愛的藝術作品。

DATA 交M12號
線ABBESSES站
步行1分
住Le Square Jeh
an-Rictus 18e

也有中文的我愛你

♪♪ 步行6分

6 別冊① MAP P24B2 **Le Moulin de la Galette**

在風車餐廳品嘗創意料理

前身是多位藝術家曾留下畫作的傳奇舞
廳,目前為米其林三星餐廳出身的Antoine
Heerah所掌廚的餐廳,巧妙運用香料調味
的時尚創意法國菜深獲好評。

DATA 交M12號線ABBESSES
站步行5分 住83, Rue Lepic 18e
☎01 46 06 84 77 時12~22時
30分 休無休 E E
※視季節需預約

3

1.2.因曾做為雷諾瓦名作『煎餅磨坊的舞會』
(→P121)的場景聞名 3.午餐2道€25、3道
€29,晚餐3道€35

---

and more…

Le Consulat

小餐館/別冊①MAP●P24B2

羅特列克、梵谷
都曾是座上賓的
老店。午餐、晚
餐均為€30~。

DATA 交M12號線ABBESSES站步行
7分 住18, Rue Norvins 18e ☎01
46 06 50 63 時11~22時30分 休
無休,11~1月不定休 E E

蒙馬特墓園
Cim. de Montmartre

墓園/別冊①MAP●P24A2

1825年設立的
公墓,左拉、楚
浮等名人都長眠
於此。中央入口
處有導覽圖。

DATA 交M2號線BLANCHE站步行
5分 住20,Av. Rachel 18e
☎01 53 42 36 30 時8~18時(週
六8時30分~,週日9時~),冬季~
17時30分 休無休

Au Lapin Agile

歌廳/別冊①MAP●P24B2

1875年創業的香
頌餐廳,未成名前
的畢卡索和馬諦斯
都曾聚在這兒。

DATA 交M12號線LAMARCK-
CAULAINCOURT站步行3分
住22,Rue des Saules 18e ☎01
46 06 85 87 時21~翌日1時
休週一 料€28(附1杯飲料) ※不
可使用信用卡 需預約 E

Tour Eiffel Passy | Champs-Élysées | Opéra Louvre | Les Châtelet La Cité | Marais Bastille | St-Germain Q. Latin | Montparnasse | Monmartre

87

逛完景點後一定要來支冰淇淋

塞納河上的西堤島和聖路易島

塞納河中的兩座沙洲小島，據傳為巴黎發源地的西堤島，仍保有許多歷史性建築物
聖路易島則是美味餐廳和伴手禮店林立。

景點多多
西堤島

大教堂 ・ 別冊① MAP P11D3

巴黎聖母院
→P20、67

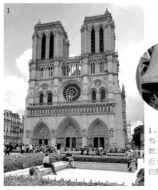

1．依欣賞角度而有不同風情的美麗教堂 2．還能貼近參觀重達15噸的聖母院大鐘

教堂 ・ 別冊① MAP P11C3

聖禮拜堂
Ste-Chapelle

整面的彩繪玻璃令人嘆為觀止

1248年竣工的晚期哥德式建築傑作，由路易十四世下令興建，做為供奉聖人遺物的禮拜堂使用。雖然只是兩層樓高的小禮拜堂，但上層多達1134幅描繪出聖經場景的巨型彩繪玻璃，絕對是不可錯過的重點。

DATA 交M4號線CITÉ站步行2分 住8, Bd. du Palais 1er ☎01 53 40 60 80 時9時30分～18時（11～2月為9～17時）休無休 料€8.50 ※可使用巴黎博物館通行證（PMP→P9）E

走進入口，聖經的故事從左到右依序展開

城堡 ・ 別冊① MAP P11C3

巴黎古監獄
Conciergerie

瑪麗皇后的臨終之地

14世紀由腓力四世建造的城堡。法國大革命時，曾經用來收押等候上斷頭台處決的革命家和貴族。瑪麗皇后被送上斷頭台前度過2個半月的獨居房也還保留著。

DATA 交M4號線CITÉ站步行2分 住2, Bd. du Palais 1er ☎01 53 40 60 80 時9時30分～18時 休無休 料€8.50 ※可使用巴黎博物館通行證（PMP→P9）E

法國大革命時曾囚禁超過4000人

另類市集

花市・鳥市
Marché aux fleurs et aux oiseaux
別冊①MAP●P11D3

位於地鐵CITÉ站出口前的市集。花市每天都有營業，可於觀光西堤島時順道前往。鳥市僅於每週日開市。

DATA 交M4號線CITÉ站步行1分 住Pl. Louis Lépine et Quai de la Corse 4e 時8～19時30分（週日～19時）休無休

1．可於參觀聖禮拜堂和巴黎聖母院的空檔過去瞧瞧
2．讓人心情愉悅的可愛小鳥

小小知識　西堤島有人居住的紀錄始於西元前3世紀左右，直到西元前52年被羅馬人征服前，是由高盧人的分支巴黎西人在此定居。聖母院廣場的地下還殘留3世紀左右的遺跡。

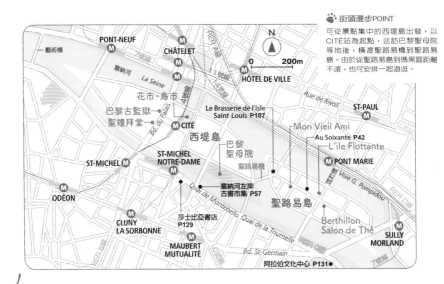

街頭漫步POINT

可從景點集中的西堤島出發，以CITÉ站為起點，巡訪巴黎聖母院等地後，橫渡聖路易橋到聖路易島。由於從聖路易島到瑪黑區距離不遠，也可安排一起遊逛。

地圖標示：
PONT-NEUF
藝術橋
CHÂTELET
塞納河 La Seine
HÔTEL DE VILLE
花市・鳥市
巴黎古監獄
聖禮拜堂
Bd. du Palais
CITÉ
西堤島
ST-MICHEL
ST-MICHEL NOTRE-DAME
巴黎聖母院
聖路易橋
Rue de Rivoli
ST-PAUL
Le Brasserie de l'Isle Saint-Louis P107
Mon Vieil Ami
Au Soixante P42
L'ile Flottante
PONT MARIE
Voie G. Pompidou
Quai de Montebello, Quai de la Tournelle
塞納河左岸古書市集 P57
聖路易島
Berthillon Salon de Thé
SULLY MORLAND
ODÉON
莎士比亞書店 P129
CLUNY LA SORBONNE
MAUBERT MUTUALITÉ
Bd. St-Germain
阿拉伯文化中心 P131

遊逛 西堤島／聖路易島

沿路嚐鮮好愜意
聖路易島

冰淇淋　別冊① MAP P12A4

Berthillon Salon de Thé

引發冰淇淋風潮的發源店

1954年創業的冰淇淋老店，每日更換的特製口味、每個季節使用不同當季水果製作的蜜桃梅爾芭都十分推薦。據說鮮奶油口感清爽的秘密來自於香草。

DATA 交M7號線PONT MARIE站步行4分
住 29-31, Rue St. Louis en L'Ile 4e ☎01 43 54 31
61 時10～20時 休週一・二、7月下旬～9月上旬
EE ※不可使用信用卡

1. 氣氛沉穩的沙龍空間
2. 夏季限定推出的覆盆子蜜桃梅爾芭€13.50，酸甜口感讓人一吃就上癮

雜貨　別冊① MAP P12A4

L'ile Flottante

散發懷舊復古氛圍的伴手禮

做工精緻的模型人偶和自製果醬羅列，還有充滿1920年代風情的小盒子等商品，只要來這兒一定能發現中意的東西。

DATA 交M7號線PONT MARIE站步行3分 住 31,
Rue des 2 Ponts 4e ☎01 43 54 69 75 時10～24時
（週一・五19時） 休10～3月的週三 E

1. 裝有利口酒等的瓶子€9～
2. 店頭邊販賣Berthillon的冰淇淋

法國菜　別冊① MAP P11D4

Mon Vieil Ami

以蔬菜為主的健康法國菜人氣直升

依季節變換菜色，使用大量當令蔬菜烹調的健康料理深獲好評。也備有素食菜單。

DATA 交M7號線PONT MARIE
站步行5分 住 69, Rue St.
Louis en L'Ile 4e ☎01 40 46
01 35 時12～14時、19～23
時 休無休 EE

1. 香烤鱈魚和蔬菜綠咖哩€26
2. 充滿溫暖氛圍的店內，午餐€15.50～、晚餐€47.50～

Tour Eiffel Passy | Champs-Élysées | Opéra Louvre | Les Châtelet La Cité | Marais Bastille | St-Germain Q. Latin | Montparnasse | Monmartre

89

Column

電影《艾蜜莉的異想世界》中打水漂的拍攝場景

充滿懷舊風情的聖馬丁運河

從1930年代的《北方旅館》到2000年代的《艾蜜莉的異想世界》，
這座運河成為無數部電影的美麗背景。前往運河畔野餐、購物或散步，享受自由自在的時光。

聖馬丁運河
Canal St-Martin

運河　別冊① MAP P17B1~3

流行時尚店散佈其間的散步路線

1825年開通，連結塞納河與維雷特水池，全長約4.5公里的運河，也以希斯里的名畫風景聞名，吸引許多觀光客慕名前來。有越來越多高格調的巴黎人移居至這一帶，每到週末便成為市民的休閒場所。

DATA 交M5號線JACQUES BONSERGENT站步行5分

別冊①MAP●P17B3

A Chez Prune

業界人士聚集的咖啡館

運河畔空間寬敞的咖啡館。料理頗受好評，夜晚會聚集許多業界人士和藝術家。

DATA 交M5號線JACQUES BONSERGENT站步行5分 住36, Rue Beaurepaire 10e ☎01 42 41 30 47 時8時~翌日1時45分(週日10時~) 休無休 E

街頭漫步POINT

走出RÉPUBLIQUE站後，行經精品店和商店林立、購物便利的布赫貝爾街(Rue Beaurepaire)往運河方向前進。在運河沿岸也可利用方便的租借自行車Vélib代步。逛累了就到附近的咖啡館或餐廳休息一下吧。

別冊①MAP●P17B3

B Sésame

也提供外帶的BIO咖啡館

位於運河沿岸的咖啡館，料理和甜點都是使用有機食材。提供外帶服務，可作為散步時的點心。

DATA 交M3·5·8·9·11號線RÉPUBLIQUE站步行5分 住51, Quai de Valmy 10e ☎01 42 49 03 21 時9~24時(週六·日10時~) 休8月的3週 E

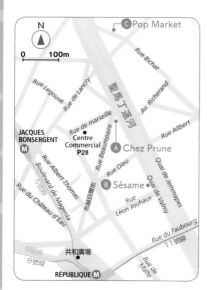

```
N
0        100m

Rue Bichat
Rue Legouvé
Rue de Lancry
聖馬丁運河
Av. Richerand
Rue de marseille
Rue Allbert
JACQUES
BONSERGENT
M
Centre
Commercial
P28
Rue Dieu
A Chez Prune
Rue Albert Thomas
B Sésame
布赫貝爾街
Quai de Jemmapes
Rue
Léon Jouhaux
Quai de Valmy
Boulevard de Magenta
Rue du Château d'Eau
9號線
8號線
Rue du Faubourg
共和廣場
11號線
RÉPUBLIQUE M
Rue de
Malte
C Pop Market
```

別冊①MAP●P17B2

C Pop Market

令人懷念的平價雜貨

粉紅色外觀十分搶眼的雜貨店，販賣商品從廚房用品到文具、玩具等，相當多元。

DATA 交M5號線JACQUES BONSERGENT站步行8分 住50, Rue Bichat 10e ☎09 52 79 96 86 時11~15時、16~19時30分(週六11~19時30分) 休週日

小小資訊 聖馬丁運河也有遊船行駛其間，不過船隻較貼近陸地航行，與塞納河的觀光船不同風情，眼前所及皆是巴黎的街景、在岸邊休憩或野餐的巴黎人等，能近距離感受巴黎的日常風景。

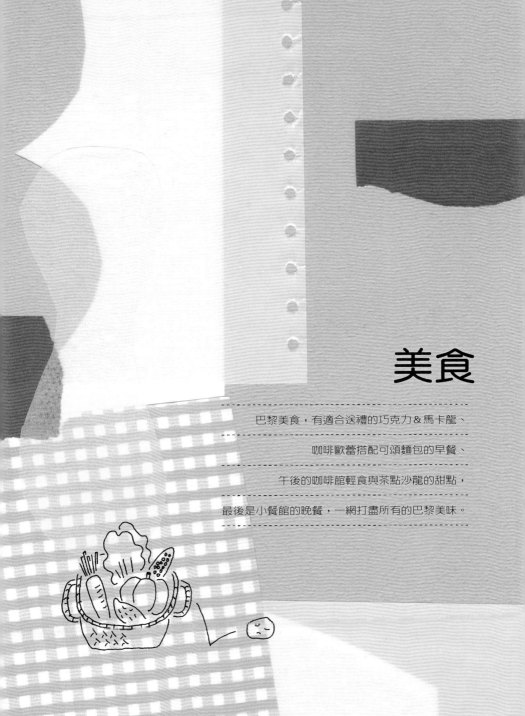

美食

巴黎美食，有適合送禮的巧克力&馬卡龍、

咖啡歐蕾搭配可頌麵包的早餐、

午後的咖啡館輕食與茶點沙龍的甜點，

最後是小餐館的晚餐，一網打盡所有的巴黎美味。

續紛多彩又可愛

人氣糕點店的絕品甜點

色彩繽紛的馬卡龍、樸實風味的傳統糕點等，以下將介紹在甜點之都巴黎能品嘗到的新舊口味。外帶用的可愛包裝也是挑選時的重點之一。

聖日耳曼德佩 | 別冊① MAP P21C3

Pierre Hermé

甜點界的實力派

每年都會訂出年度主題，於每季發表的創意新口味總是備受矚目的焦點。每次造訪都能有新發現，也是Pierre Hermé獨有的樂趣。

DATA　交M4號線ST-SULPICE站步行2分　住72, Rue Bonaparte 6e　☎01 43 54 47 77　時10～19時（週四、五～19時30分，週六～20時）　休無休

馬卡龍　100g€8
除了經典的玫瑰、牛奶巧克力＆百香果外，還有季節限定口味

Ispahan
€7.50
Pierre Hermé的代表作之一，為玫瑰＆覆盆子＆荔枝的美味組合

聖日耳曼德佩 | 別冊① MAP P14B1

Pâtisserie Sadaharu Aoki

融合和風元素的法國糕點

以抹茶和柚子等和風食材打造出設計感十足的糕點，成為眾人討論的話題。曾於2011年在法國知名餐廳指南的大獎中獲頒「年度糕點師獎」。

DATA　交M12號線RENNES站步行3分　住35, Rue de Vaugirard 6e　☎01 45 44 48 90　時11～19時（週日10～18時）　休週一　J

Bamboo
€5.80
濃郁的抹茶奶油與黑巧克力甘納許層層交疊，苦味和甜味達到完美平衡的一道絕品

Tarte Caramel Salé
€5
奶油酥餅搭配添加給宏德海鹽的焦糖，上面再塗上一層口感清爽的牛奶巧克力奶油

歌劇院 | 別冊① MAP P18A3

Ladurée（Royale本店）

巴黎式馬卡龍的創始名店

1862年創業的老舖。可於優雅的店內品嘗巴黎式馬卡龍的原創美味，由添加杏仁粉烘烤的兩片餅皮夾上甘納許內餡。

DATA→P23

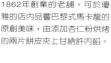

玫瑰
Rose

巧克力＆椰子棉花糖
Chocolat & Coco Guimauve

草莓＆棉花糖
Fraise & Guimauve

薄荷
Menthe

香草
Vanille

甘草
Reglisse

焦糖
Caramel

馬卡龍
6個裝€17.40
1個€1.90

外皮酥脆、內餡紮實的口感堪稱極品，奶油的細膩滋味是老店才吃得到的美味享受

92

小小資訊　馬卡龍容易壓壞、保存期限又短，馬上就會失去原有的口感，請盡早食用。此外，機場內也有Ladurée的門市，建議要帶回國的伴手禮到機場再買即可。

外帶
BOX &
BAG

Ladurée　　Masion Boissier

側面的天使
插圖很可愛

蒙布朗
1個€9
（外帶 €6.70）

濃郁的栗子醬中摻有清爽
的蛋白糖霜和新鮮生奶油，
吃1個就很有飽足感

羅浮宮
周邊

別冊①
MAP
P18B4

Angelina
（Rivoli店）

香奈兒創辦人深愛的茶點沙龍

1903年開業，原本為貴族的社交場所，店內瀰漫著優雅
氣質的氛圍。Rivoli店還設有茶點沙龍。

DATA　交M1號線TUILERIES站步行3分　住226 Rue de
Rivoli　☎01 42 60 82 00　時7時30分～19時（週六‧日8時
30分～）　休無休 🅴

美食　絕品甜點

Opéra
€5.30

由咖啡餅乾、奶油和甘納
許層層堆疊而成，為巧克
力蛋糕的代名詞

香榭
麗舍

別冊①
MAP
P5C3

Dalloyau

見證美食歷史的知名糕點

這間大有來歷的老店，是由17世紀起擔任皇室御廚的家
族所開設，招牌商品Opéra為1955年以來的不朽名作。

DATA　交M9號線ST-PHILIPPE-DU-ROULE站步行2分
住101 Rue du Faubourg Saint-Honoré 8e　☎01 42 99 90 00
時8時30分～21時30分　休無休

糖漬栗子
5個裝 €19

Masion Boissier的經典甜
品，保存期限3個月。也
有香草口味的糖漬栗子

帕西

別冊①
MAP
P16A1

Masion
Boissier

糖漬栗子的創始店

1827年創業的巧克力店。以名為Glaçage（淋面）、裹上
糖衣的技術製作出糖漬栗子。

DATA　交M9號線RUE DE LA POMPE站步行7分
住184, Rue Victor Hugo 16e　☎01 45 03 50 77
時10～19時（週一～18時，週六11時～）　休週日

Ali Baba
€4.40

加了大量蘭姆酒的薩瓦蘭
蛋糕，是飄散蘭姆酒與葡
萄乾香氣的成熟風味

夏特雷-
磊阿勒

別冊①
MAP
P11D1

Stohrer

巴黎最古老的甜點店

1730年創業，研發出「Puits d'Amour」和「Baba au Rhum」等
傳統糕點的老舖。已列入歷史建築物的裝潢也很值得一看。

DATA　交M4號線ÉTIENNE MARCEL站步行3分　住51, de
la Rue Montorgueil 2e　☎01 42 33 38 20　時7時30分～20
時30分　休無休

Tour Eiffel | Champs- | Opéra | Les Châtelet | Marais | St-Germain | Montparnasse | Monmartre
Passy | Élysées | Louvre | La Cité | Bastille | Q. Latin

93

外觀也很可口的極品巧克力

宛如寶石般耀眼動人

法國可說是巧克力大國，美味的程度簡直可冠上「世界第一」的封號。
講究包裝、彷彿藝術品般的美麗巧克力，很適合買來犒賞自己或是當成巴黎伴手禮。

聖日耳曼德佩 | **別冊① MAP P21C2**
Le Chocolat Alain Ducasse Manufacture à Paris

Alain Ducasse的巧克力工房

法國料理界的巨匠Alain Ducasse於專業師傅工作室雲集的巴士底，開設了一家從烘焙可可豆到製造巧克力的工作室兼精品店（別冊①MAP●P13C3）而蔚為話題。本店則是2014年才剛開幕的左岸2號店。

DATA　交M4號線ST-GERMAIN-DES-PRÉS站步行1分　住26 Rue St-Benoit 6e　☎01 45 48 87 89　時10時30分～19時30分（週一11時30分～18時）　休週日　E

還有巧克力醬！

1.古老工房般的氛圍 2.內餡加了榛子果仁醬和海鹽€14　3.含杏仁、無花果、柳橙的蒙蒂翁巧克力€10　4.可塗抹麵包的巧克力醬€15

巧克力磚
Tablettes
€6～14
為了留住香氣而以夾鏈袋包裝的片狀巧克力，目前共有48種口味

哥倫比亞（咖啡口味）
Colombie

杜爾塞巧克力
Dulcey

香草
Vanille

玫瑰
Rose

焦糖
Caramel

肉桂
Canelle

茉莉
Jasmin

紫羅蘭
Violette

侯爵浮雕盒裝
Le Coffret Marquis Camées
€25／24個裝
巧克力薄片上刻有侯爵、侯爵夫人圖像的浮雕巧克力

還有巧克力磚！

聖多諾黑街 | **別冊① MAP P18B3**
Les Marquis de Ladurée

來自「Ladurée侯爵」的巧克力名牌

以馬卡龍聞名的Ladurée於2012年所開設的巧克力專賣店。能品嘗到展現Ladurée的世界觀，以華麗宮廷時代的侯爵（Marquis）為意象製作、口感纖細優雅的巧克力。

DATA　交M1號線TUILERIES站步行3分　住14 Rue de Castiglione 1er　☎01 42 60 86 92　時10～19時30分（週六9時30分～）　休週日　E

1.不同顏色代表不一樣的可可濃度，上64%、下41%各€8
2.店內為白色牆面再搭配威尼斯水晶玻璃吊燈

MOF即Meilleur Ouvrier de France（法國最佳工藝獎）的簡稱，該獎項頒發給擁有優異技術、符合傳承法國文化資格的專業工藝師，截至2013年為止，僅有18位獲得MOF巧克力師頭銜的肯定。

Check! 巧克力的盛典「Salon du chocolat」

每年秋天在巴黎舉辦的世界最大級巧克力展
「Salon du chocolat」，來自法國及世界各地的
名店齊聚一堂，至2014年已屆滿20周年。

DATA 於巴黎凡爾賽門展覽中心舉辦。交M12號線
PORTE DE VERSAILLES站步行1分　住Viparis,
Porte de Versailles,15e　時10〜19時（2015年為
10/28〜11/1）
URL www.salonduchocolat.fr/
別冊①MAP●P2B4（凡爾賽門展覽中心）

1.來自世界各地約160家
巧克力品牌齊聚
2.模特兒身上穿著以巧
克力製成的衣服

歌劇院　別冊① MAP P18A2

Patrick Roger

刺激五感的可可魔術師

由30歲即獲得MOF殊榮的巧克力奇才Patrick
Roger所開設的店。1997年於巴黎郊外的索市創
業，目前已在巴黎市中心開了8家門市。店內裝
飾著大型動物的巧克力雕刻，高度藝術性相當吸
睛。

DATA 交M8·12·14號線MADELEINE站步行2分
住3 Pl. de la Madeleine 8e　☎01 42 65 24 47　時10時
30分〜19時30分　休無休 E

1.利用鐵管營造出現代風格的空
間　2.在口中化開來的開心果風
味€3　3.有刻印圖案的是微苦
的夾心巧克力€2.50

還有夾心
巧克力！

2　3

彩色盒裝
Coffret Couleurs
€44／18個裝
以創意食材與巧克力做搭配，正
是Patrick Roger的代表風格。口
感外層酥脆，內餡濃醇

馬鞭草&柚子
Sauvage

焦糖&萊姆
Amazon

鹽&蜂蜜
Mistral

還有水果軟糖！

夾心巧克力
Bonbons de Chocolat
€11／9個裝
以可可調配多種食材，徹底發揮
素材風味，共約30種口味的夾心
巧克力

1

胡椒
Un Grain

馬達加斯加香草
Mascaril

紅茶
Thé toi

杏仁
果仁糖
Praliné
amande

美麗闇黑
（黑味巧克力）
Le Beau
ténébreux

柳橙風味
苦味巧克力
Orangélique

薄荷
Menthe amante

蜂蜜
Sucre d'or

咖啡
Arabicadabra

瑪黑區　別冊① MAP P12B1

Jacques Genin

宛如瑰寶般精緻的巧克力

飯店&餐廳御用的頂級巧克力店，自2008年在
北瑪黑區開店以來，就成為來到巴黎的巧克力迷
一定要朝聖的店家。可以在附設的茶點沙龍，品
嘗2樓工房製作的新鮮巧克力和甜點。

DATA 交M8號線FILLES DU CALVAIRE站步行5分
住133, Rue de Turenne 3e　☎01 45 77 29 01　時11
〜19時（週六〜20時）　休週一 E

1.有紅蘿蔔、茴香等創新口味的
水果軟糖€12　2.巴黎罕見的寬
敞奢華空間

95

Tour Eiffel / Champs- / Opéra / Les Châtelet / Marais / St-Germain / Montparnasse / Monmartre
Passy / Élysées / Louvre / La Cité / Bastille / Q. Latin

還有阿拉比卡豆！

聖日耳曼德佩	別冊①MAP P20B1

Debauve & Gallais

巴黎高級巧克力店的先驅

1800年創業，巴黎歷史最悠久的老舖，以歷代皇室御用店聞名。創始人原本是路易十六的藥劑師，在「好吃又對身體有益」的初衷下開始製作巧克力。店面已被列為歷史建築物。

DATA ⓧM4號線ST-GERMAIN-DES-PRÉS站步行5分 ⓗ30, Rue des Sts-Pères 7e ☎01 45 48 54 67 ⓣ10～20時 ⓗ週日

瑪麗金幣
Pistoles de Marie-Antoinette
€10／12個裝
緣起於皇后嫌藥太苦無法吞嚥，因此出現「將藥包入巧克力內」的提議而誕生的巧克力

1.維持200年歷史風格的美麗家具很值得一看　2.阿拉比卡巧克力豆罐裝€55，也有盒裝€32　3.咖啡豆的焦香苦味相當迷人　4.印有巴黎名勝的「Pistoles」

聖日耳曼德佩	別冊①MAP P20B4

Jean-Charles Rochoux

精緻的巧克力雕刻令人感動

由擔任過星級餐廳甜點師的Jean-Charles Rochoux於2004年所開設的店，內部陳列著動物、雕像和建築物等精雕細琢的巧克力藝術。夾心巧克力和巧克力磚都很推薦。

DATA ⓧM12號線RENNES站步行2分 ⓗ16, Rue d'Assas 6e ☎01 42 84 29 45 ⓣ10時30分～19時30分(週一14時～) ⓗ週日(8月的週一) Ⓔ

巧克力
Chocolats
各€5.10
將Jean-Charles Rochoux拿手的巴黎名勝、動物、天使系列等巧克力雕刻吃下肚，還真覺得有些可惜

1.店內隨處可見「巧克力雕刻」　2.3.4.5.任何造型都有苦味、牛奶、白巧克力等3種口味

香榭麗舍	別冊①MAP P4B3

La Masion du Chocolat

受到全世界喜愛的巧克力名門

創業於1977年，當時巧克力專賣店還尚未普及，如今已成為世界各地都有拓點的名店。由號稱「甘納許魔術師」的創業者所開發的巧克力口味相當講究，獲得巴黎女子的高度支持。

DATA ⓧM1·9號線FRANKLIN D. ROOSEVELT站步行5分 ⓗ52, Rue François 1er 8e ☎01 47 23 38 25 ⓣ10～20時(週一、二～19時30分) ⓗ週日 Ⓔ

岩石巧克力
Les Petits Roches
€27／20個裝
加了果仁糖、一口大小的Roches(岩塊狀)，甜度適中讓人一吃就上癮

也有3盒裝！

1.就位於香榭麗舍大道附近的2號店　2.夾心巧克力4個裝的3盒套組€15.80　3.圓盒內擺滿了苦味＆牛奶巧克力

小小資訊　最近幾年，有多家知名巧克力店陸續展店中。除了展店速度驚人的Patrick Roger和Pierre Marcolini外，最近還有Jacques Genin在7區、Jean-Paul Hévin在3區分別有新店開幕。

Frank Kestener

拉丁區　別冊①　MAP P15C1

「洛林地區的年輕天才」進軍巴黎

Frank Kestener在德國邊境附近的洛林地區學習製作巧克力，於2004年27歲時得到MOF的頭銜、2006年拿下世界甜點冠軍，2010年在萬眾矚目下開設了巴黎1號店。

DATA　交M10號線CLUNY-LA SORBONNE站步行5分 住7, Rue Gay-Lussac 5e ☎01 43 26 40 91 時10～20時30分（週日・一為11～20時）休無休 E

還有巧克力磚！

綜合夾心巧克力
Coffret Bonbons de Chocolats
€12.50／9個裝
香料、水果和巧克力的絕妙搭配，總共有45種口味

1.聽說每週由主廚從洛林送貨過來　2.內餡有奶油酥餅和鹽味焦糖的巧克力「ATLANTIQUE」€6.75
3.「Perle de Lorraine（右下）」為招牌商品

Michel Chaudun

艾菲爾鐵塔周邊　別冊①　MAP P9C2

創業達30年的堅強實力派

前往世界數一數二的巧克力生產國瑞士學成後，於1986年開店，如今依舊以老到的經驗、細膩的味覺和幽默的獨創性推出各式巧克力，廣受饕客支持。夾心巧克力商品有35種口味。

DATA　交M8號線LA TOUR-MAUBOURG站步行10分 住149, Rue de l'Université 7e ☎01 47 53 74 40 時9時15分～19時（週一9時30分～12時30分、13～18時）休週日 E

還有生巧克力！

哥倫布
Colomb
€14.50／100g
1933年誕生的代表作。加了烘焙可可豆的錢幣造型薄片巧克力

1.彷彿濃縮30年時光般的店內　2.以「巴黎石磚路」為意象的生巧克力（Pave）也很受歡迎。€18.50／32個裝　3.利用巧克力的薄度營造出酥脆的豐富口感

François Pralus

瑪黑區　別冊①　MAP P22B1

特產巧克力套組「Pyramides」最為暢銷

全世界第一個擁有自家可可豆農園的巧克力專賣店。除了能依生產地比較不同可可風味的「Pyramide」外，結合巧克力師之名與果仁糖的「La Praluline」也是該店的招牌商品之一。

DATA　交M11號線RAMBUTEAU站步行1分 住35, Rue Rambuteau 4e ☎01 57 40 84 55 時10～19時30分（週日～19時）休無休 E

熱帶金字塔（中央）
Pyramides Tropique
Tropique€18.50／10片裝
François Pralus親自從十餘國的可可產地精選而來。（左）BIO€9.80／5片裝，（右）Mini€5／10片裝

1.店內除了巧克力外還有其他糕點類　2.巧克力的大小和口味種類相當豐富，適合做為伴手禮

兼具味覺與視覺的法式糖果

在口中散發甘甜幸福的繽紛糖果店

法文中的Confiserie意指使用砂糖製作的糖果，或是糖果專賣店。
在此整理出愛好甜食的法國人，從小吃到大的各地傳統糖果。

法式糖果的產地

② NORD-PAS-DE-CALAIS
③ LORRAINE
① BRETAGNE
④ BOURGOGNE
⑦ AUVERGNE
⑤ RHÔNE-ALPES
⑥ PROVENCE-ALPES-CÔTE D'AZUR
⑧ LANGUEDOC-ROUSSILLON

鹽味牛奶糖 ①
Caramel au beurre salé

由靠海而盛行製鹽及乳製品的布列塔尼所推出的名產。Ⓑ／100g €3.80
Ⓐ Ⓑ Ⓒ Ⓓ

康布雷薄荷糖 ②
Les bêtises de cambrai

出產於法國北部康布雷的薄荷口味糖果。照片為Ⓐ／100g €4.50
Ⓐ Ⓑ Ⓒ Ⓓ

佛手柑糖 ③
Bergamotes de nancy

散發出佛手柑的柑橘系香氣、口感清新的糖果。照片為Ⓐ／100g €3.50
Ⓐ Ⓑ Ⓒ Ⓓ

●艾菲爾鐵塔周邊

Ⓐ 別冊① MAP P2B3

Les Gourmandises de Nathalie

傳統樸實的糖果店

玻璃櫃中陳列著裝入五顏六色糖果、牛奶糖、杏仁糖的瓶子，以及數十種的巧克力。還有許多裝滿甜點的彩繪鐵罐，造型懷舊，也很適合買來當巴黎伴手禮。

DATA 交Ⓜ10・13號線DUROC站步行1分 住67, Bd. des Invalides 7e ☎01 43 06 02 98 時10~18時30分 休週日・一

●蒙帕納斯

Ⓑ 別冊① MAP P14B2

Les Bonbons

精挑細選的傳統糖果

由從小在甜點師家庭長大的女老闆Cécilia所經營的糖果店。堅持只從各地選購以傳統方法製作的糖果名品，來一趟店裡便能感受宛如環遊法國一周的糖果之旅。

DATA 交Ⓜ4號線VAVIN站步行3分 住6 Rue Bréa 6e ☎01 43 26 21 15 時10時30分~13時30分、14時30分~19時 休週日・一

小小資訊 大人小孩都無法抗拒糖果店的魅力，偶爾還能在街上看到打扮時髦的男士或老爺爺朝店內伸頭探望的可愛身影。據說糖果店在6~7月的結婚旺季、12月的聖誕節期間會特別忙碌。

🍬 法式糖果經典款…

糖果 Bonbon
將水果或堅果等以砂糖包裹製成的糖果,也可做為包含牛奶糖、口香糖等的統稱。

棒棒糖 Sucette
附小棍棒的糖果,大多有著可愛的造型設計,用來送禮一定十分受歡迎。

牛奶糖 Caramels
將融化後的鮮奶油、砂糖、牛油冷卻成型的糖果。在巴黎為擁有獨自專賣店的經典款。

法式棉花糖 Guimauves
以水果泥加入吉利丁打發後,冷卻形成的棉花糖。

杏仁糖 ③ Dragée

源自凡爾登,節慶喜事時的必備糖果,將杏仁裹上糖衣製成。照片為 Ⓒ／100g €6.50
ⒶⒷⒸⒹ

里昂之枕 ⑤ Coussin de lyon

在添加庫拉索酒的巧克力甘納許外層裹上杏仁膏。照片為Ⓐ／100g €7.50
ⒶⒷⒸ

糖漬水果 ⑥ Fruit confit

以砂糖醃漬新鮮水果,是法國人保存水果的傳統手法。照片為Ⓒ／100g €4.50
ⒶⒷⒸⒹ

尼格斯糖 ④ Négus

在硬糖內包入咖啡或巧克力口味牛奶糖的糖果。照片為Ⓐ／100g €7.50
ⒶⒷⒸ

牛軋糖 ⑤ Nougat

將堅果及果乾加上砂糖煮開拌勻後成型的軟糖。照片為Ⓐ／100g €6
ⒶⒷⒸⒹ

水果軟糖 ⑦ Pate de fruits

源自奧維涅地區的果凍,將果汁熬煮後裹上砂糖製成。照片為Ⓐ／100g €4.80
ⒶⒷⒸⒹ

茴香糖 ④ Anis de flavigny

以修道院栽種的茴香籽裹上糖衣製成。照片為Ⓓ／50g €4.50
ⒶⒷⒸⒹ

蜜橘巧克力 ⑥ Orangette

將巧克力醬淋在糖漬柑橘片上的商品。照片為Ⓒ／100g €4.50
ⒶⒷⒸⒹ

紫羅蘭糖 ⑧ Bonbon à la violette

紫羅蘭造型的糖果,也有將紫羅蘭花瓣裹上糖衣的作法。照片為Ⓐ／100g €3
ⒶⒷⒸⒹ

Ⓒ 別冊① MAP P15D1 ●拉丁區

Le Bonbon âu Palais

米其林三星主廚推薦的甜點店
店內擺滿了由Georges老闆所挑選的杏仁糖、法式棉花糖、巧克力等色彩繽紛的各式糖果,連鼎鼎大名的三星主廚Alain Ducasse也曾在自己的書中大力讚揚。

DATA 交M10號線CARDINAL LEMOINE站步行1分
住19, Rue Monge 5e ☎01 78 56 15 72 時10時30分～19時30分(週一～14時～) 休週日 🇪

Ⓓ 別冊① MAP P9C3 ●艾菲爾鐵塔周邊

A La Mère de Famille

巴黎最古老的巧克力專賣店
目前市內有9家店鋪的名店,自1761年創業以來長年受到巴黎人的愛戴。有巧克力、棉花糖等上百種的糖果,與MOF冰淇淋師共同合作、夏季限定販賣的冰淇淋也相當推薦。

DATA 交M8號線ÉCOLE MILITAIRE站步行3分
住47, Rue Cler 7e ☎01 45 55 29 74 時9時30分～19時30分(週一～13時～、週日10～13時) 休無休 🇪

文豪名流也經常造訪♪

深受藝文人士愛戴的老舖咖啡館

露天座、侍者的身影…街頭隨處可見的咖啡館代表了巴黎的文化。
選一家擁有悠久歷史、曾吸引文豪和藝術家光顧的咖啡館,度過悠閒的時光吧。

基本飲品

Café/Double Café

濃縮咖啡。Double Café則代表濃度和價格都是雙倍

Café Crème

又名咖啡歐蕾。點餐時只說Un Crème也可以

Chocolat Chaud

甜味濃郁的熱巧克力、熱可可

Thé

紅茶=Thé。茶點沙龍內皆有提供

聖日耳曼德佩 | 別冊① MAP P21C2

雙叟咖啡館
Les deux Magots

文豪聚集的老舖咖啡館翹楚

1855年於聖日耳曼德佩創業。沙特與西蒙波娃也是常客,並與朋友在此高談闊論。這裡不僅受到眾多文豪喜愛,同時也是主辦雙叟文學獎的文學咖啡館。

DATA 交M4號線ST-GERMAIN-DES-PRÉS站步行1分 住6, Pl. St-Germain des Prés 6e ☎01 45 48 55 25 時7時30分～翌日1時 休無休 E E

魯希斯·維昂·畢卡索·路易·阿拉貢·安德烈·布賀東等人也都是常客(Patrice/侍者)

1. 在露天座靜望來往行人也很有意思
2. 口感滑順的Chocolat Chaud €7.30
3. 店內的兩個中國人偶即店名的由來

歌劇院 | 別冊① MAP P19C2

和平咖啡館
Café de la Paix

能眺望歌劇院邊小憩片刻!

1862年創業,與眼前的加尼葉歌劇院同樣均由查爾斯·加尼葉親手設計。經過2004年的大型翻修後,更為貼近19世紀創建時的模樣。

DATA 交M3·7·8號線OPÉRA站步行1分 住12, Bd. des Capucines 9e ☎01 40 07 36 36 時7～24時 休無休 E E

1. 總是座無虛席的人氣露天座 2. 烤乳酪火腿三明治€20 3. 很受歡迎的主廚沙拉€24

奧斯卡·王爾德·喬治·克里蒙梭都曾造訪,傳奇女星瑪琳·黛德麗也曾在此表演(Luc/侍者)

小小知識 由於每位侍者有固定的服務桌位,即便招別桌的侍者過來也無法受理點餐,請耐心等候負責自己桌位的侍者前來。

1.悠閒的氣氛相當舒適宜人　2.使用Poilâne（→P112）麵包的烤乳酪火腿三明治 €13
3.以開放式吧檯為中心的寬敞店內

蒙帕納斯　別冊① MAP P14B2

菁英咖啡館
Le Select

或許有機會遇到名人！？

1923年創業，因受到海明威、費茲傑羅等諸多美國名人喜愛，而有「American Bar」的別稱。雞尾酒、輕食和甜點的選項都很豐富，如今仍舊吸引許多電影界的名人前來光顧。

DATA　交Ⓜ4號線VAVIN站步行1分　住99, Bd. du Montparnasse 6e　☎01 45 48 38 24
時7時～翌日4時　休無休 ⒺⒺ

馬諦斯、亨利·米勒、藤田嗣治、尚·考克多…，畢卡索總是坐在露天座呢（Didier／侍者）

蒙帕納斯　別冊① MAP P14B2

圓亭咖啡館
La Rotonde

穩重豪華的裝潢耀眼迷人！

在以裝飾藝術風格打造的奢華店內，裝飾著許多過去常造訪的莫迪里亞尼畫作（複製品）。店內和桌墊上到處可見曾光顧本店的名人大名！

DATA　交Ⓜ4號線VAVIN站步行1分　住105, Bd. du Montparnasse 6e　☎01 43 26 48 26
時8時～翌日2時　休無休 ⒺⒺ

馬諦斯、達利、畢卡索、藤田嗣治、賈加等多位藝術家都曾上門光顧（Julien／侍者）

1.以紅色遮陽棚為標誌　2.推薦菜色烤牛肉＆炸薯條 €25.50
3.讓人感到輕鬆自在的家庭式服務也是該店引以為傲的特色

基本菜單

塔丁
Tartine

將長棍麵包切片，塗抹牛油後再鋪上配料

烤乳酪火腿三明治
Croque-monsieur

兩片吐司夾入火腿和白醬，表層鋪上乳酪絲後放進烤箱

烤乳酪火腿蛋三明治
Croque-madame

在烤乳酪火腿三明治上再放一顆煎包蛋

法式鹹派
Quiche

在派皮烤模內放入蛋，乳酪等內餡烘焙製成的鄉土料理

洋蔥湯
Soupe à l'oignon Gratinée

將洋蔥炒至焦香，湯內還會放法國麵包及乳酪

牛排薯條
Steak Frites

份量驚人的牛排加上炸薯條的組合

美食　老舖咖啡館

啜飲紅茶，享受典雅時光
優雅時尚氛圍的
茶點沙龍

在巴黎特有的古典空間，總想來份精緻的甜點搭配優雅的下午茶時光
接下來就為大家介紹幾間私藏的茶點沙龍

帕西 ‖ 別冊① MAP P8A1

1．店內為設計穩重的裝飾藝術風格 2．特調紅茶Thé Carette €8.50 3．泡芙餅皮內夾果仁鮮奶油的Paris Carette€8.50

香榭麗舍 ‖ 別冊① MAP P5C2

1．大廳原本是夫妻倆的用餐空間，面庭園的露天座也很受歡迎 2．Betjeman & Barton的紅茶 Eden Rose€5.10 3．覆盆子塔€9.50

Carette

可感受貴婦氣氛的裝飾藝術空間

位於艾菲爾鐵塔對岸、面投卡德侯公園的甜點店老舖所附設的茶點沙龍。在還保留1927年開幕當時裝飾藝術風格樣貌的店內，能細細品味馬卡龍、千層派、甜塔等多樣法國知名的傳統甜點。

DATA 交M6・9號線TROCADÉRO站步行1分
住4 Pl. du Trocadero et du Novembre 16 e
☎01 47 27 98 85
時7～23時30分（週六・日7時30分～）　休無休
☑有懂英語的員工　☑有英文版菜單　☐需預約

Café Jacquemart-André

於中產階級宅邸體驗奢華氣氛

由19世紀資產家夫妻安德樂與雅咅瑪的宅邸改建而成的美術館（→P122）所附設的茶點沙龍。可在天井壁畫和裝飾於牆面上的繪畫作品等美術品真跡環繞下的大廳，享受全世界最奢華的下午茶時光。

DATA 交M9・13號線MIROMESNIL站步行5分
住158 Bd., Haussmann 8e
☎01 45 62 11 59
時11時45分～17時30分（週六・日～15時）　休無休
☑有懂英語的員工　☐有英文版菜單　☐需預約

小小資訊　Hôtel Daniel還有個十分窩心的特別服務，房客在辦理退房手續時，能收到Ladurée（→P92）的馬卡龍贈禮，用餐者則可獲得Sébastien Gaudard的馬卡龍伴手禮。

瑪黑區 別冊① MAP P22B3

1.店員以優雅動作沏茶 2.招牌甜點Carré d'or€19,可與紅茶€9～搭配品嘗 3.提供抹茶千層派€11等10款甜點

香榭麗舍 別冊① MAP P5C3

1.被稱為「Jouy」的壁面上以花鳥為主題的粉彩畫令人留下深刻印象 2.茶點沙龍隱身在外觀如宅邸般的飯店內 3.有美味司康、蛋糕的「Tea Time Daniel」€28

Mariage Frères

來杯香氣濃郁的紅茶悠閒度過

1854年創業的紅茶專賣店,陳列著收集自世界各國約600種的紅茶。可可和柑橘香氣濃郁的「Paris Breakfast Tea(100g€10)」是巴黎限定的口味,很適合買來當伴手禮。以殖民地時代為設計概念的店內,氣氛絕佳。

DATA 交M1·11號線HÔTEL DE VILLE站步行8分
住30, Rue du Bourg Tibourg 4e
☎01 42 72 28 11
時餐廳12～15時,茶點沙龍15～19時,精品店10時30分～19時30分 休無休
☑有懂英語的員工 ☑有英文版菜單 □需預約

Hôtel Daniel

優雅高格調飯店內的茶點沙龍

位於香榭麗舍大道附近,卻擁有靜謐氛圍的飯店內茶點沙龍。約有18個座位的店內,是以高雅的中國風裝飾點綴,能徹底忘卻喧囂,享受悠閒的午茶時光。除了茶品外,還供應到Sébastien Gaudard(→P30)的甜點。

DATA 交M9號線ST-PHILIPPE-DU-ROULE站步行3分
住8, Rue Frédéric Bastiat 8e
☎01 42 56 17 00
時午餐12～15時30分,茶點沙龍15時30分～18時30分 休無休
☑有懂英語的員工 □有英文版菜單 □需預約

由天才主廚坐鎮！

引領潮流的
實力派小餐館

對法國人而言，所謂的大眾食堂指的就是小餐館。以下將從創業超過100年以上的老店，到陸續拓展2號店、3號店的熱門新式小餐館，一一介紹實力派的各家名店。

🍴 MENU

❶Oeuf au Madiran €11
❷Magret de canard rôti
　aux griottines €30
　lle flottante €9
（卡士達醬加蛋白霜的甜點）

合計 €50

❶以法國西南部產的葡萄酒「Madiran」烹煮而成的蛋 ❷招牌菜的櫻桃烤鴨胸佐濃稠玉米糊

艾菲爾鐵塔周邊　別冊①MAP P8B2

La Fontaine de Mars

到老字號小餐館品嘗法國菜的精髓

自1908年創業以來長達1世紀，深受饕客長期支持的小餐館。受歡迎的祕訣在於木質的溫暖裝潢風格、窩心的待客服務環繞下，這家店長久以來始終如一的傳統菜餚。

DATA　交M8號線ÉCOLE MILITAIRE站步行6分　住129, Rue St-Dominique 7e　☎01 47 05 45 44　時12～15時、19時30分～23時　休無休　料午餐€35～，晚餐€35～　🇪🇪　※需預約

歡迎大家光臨本店！

主廚
Pierre Saugrain

巴士底　別冊①MAP P13D4

Bistrot Paul Bert

小餐館的權威，人氣主廚坐鎮的餐廳

位於號稱巴黎小餐館一級戰區的保羅貝爾街上，提供傳統風味與份量兼具的法式餐館餐點，招牌菜為牛肋排等大份量的牛排。

DATA　交M8號線FAIDHERBE-CHALIGNY站步行3分　住18, Rue Paul Bert 11e　☎01 43 72 24 01　時12～14時、19時30分～23時　休週日·一　料午餐€19～，晚餐€38～　🇪🇪　※需預約

主廚
Thierry Laurent

🍴 MENU

❶Rentrèche de thon au chorizo €10
❷Côte de cochon fermier €27
❸Crème caramel à l'ancienne €9

合計 €38（套餐）
※上述為單品的價格

❶嫩煎鮪魚與西班牙臘腸 ❷烤豬肋佐白豆牛肝腸 ❸傳統口味的焦糖布丁

我已經在這裡待了15年，很高興在好同事的支持下工作

小小知識

「新式小餐館」是指能輕鬆享用新銳主廚料理的店，最近還出現了結合Bistro（小餐館）和Gastronomy（美食學）的新名詞「Bistronomy」，能以平易近人的價格品嘗到天才主廚的手藝。

La Cantine du Troquet Dupleix

向故鄉巴斯克致敬，充滿愛意的主廚料理

繼「La Cantine du Troquet」1號店後，於艾菲爾鐵塔附近開設2號店。正如「Cantine（食堂）」之名，能在家常的悠閒氛圍中，大啖美味的巴斯克菜餚。

🍴 MENU
❶Petits pois vinaigrette, Poulpe €13
❷Merlu à la basquaise €18.50
❸Tarte au chocolat €9.50

合計 €41

DATA 交M6號線DUPLEIX站步行1分 住53, Bd. de Grenelle 15e ☎01 45 75 98 00 時7～11時（週日9時～）、12～22時45分（用餐12～16時30分、19時～） 休無休 料午餐€35.50～、晚餐€35.50～ ※不提供預約 EE

請放鬆心情好好品嘗美味佳餚

老闆兼主廚 Christian Etchebest

❶醋拌章魚&豌豆 ❷巴斯克風味鱈魚 ❸巧克力塔

🍴 MENU
❶Eau du tomate, olives, anchois €13
❷Poulpe rôti, crozets à l'encre et menthe €16
❸Billes de melon, jus glacé citron €10

合計 €39（午間的單點菜單）

❶內含番茄、橄欖和鯷魚的湯品 ❷烤章魚與薄荷墨魚克羅澤麵（薩瓦地區的四角形義大利麵） ❸檸檬風味的哈密瓜

請盡情地享受 Bistronomy

老闆兼主廚 Yves Camdeborde

La Comptoir du Relais

掀起小餐館風潮的餐廳

午間為大排長龍的小酒館，晚間則是很難訂位的高級餐館，本店以前所未見的經營方式為巴黎的餐館業界開創全新格局，人氣主廚Yves Camdeborde的手藝也讓人讚不絕口。

DATA 交M4・10號線ODÉON站步行1分 住9, Carrefour de l'Odéon 6e ☎01 44 27 07 97 時12～18時（不需預約）、20時30分～22時30分（需預約），週六・日12～23時（7・8月.其他長假期間每日12～23時） 休無休 料午餐€25～，晚餐€60～ EE

La Chateaubriand

在設計簡潔的空間內享用精緻料理

被評比為「世界最佳餐廳」的常勝軍，乍看之下簡單卻設計性十足的料理，擁有超乎想像的多重味覺刺激。僅晚間營業，而且只供應由主廚自由搭配的6品套餐。

DATA 交M11號線GONCOURT站步行1分 住129, Av. Parmentier 11e ☎01 43 57 45 95時19時30分～20時30分（需預約）、21時30分～23時（不需預約） 休週日・一 料晚餐€65～ EE

三星期前即可預約 提早以免向隅！ 敬請

老闆兼主廚 Inaki Aizpitarte

🍴 MENU
❶Thon rouge de l'ille d'Yeu, trompette, angélique
❷Cabillaud, pourpier, chips de wakamé
❸Tocino de cielo
❹Glace lait ribot, poivre de sichwan, fleur de sureau

合計 €65（6品套餐）

❶紅鮪魚佐當歸根醬 ❷鱈魚與炸海帶片 ❸蛋黃與杏仁蛋白糖 ❹Lait Ribot冰淇淋。每道餐點都搭配單杯葡萄酒的話€125，一律供應有機葡萄酒

美食　小餐館

Tour Eiffel Passy ｜ Champs-Élysées ｜ Opéra Louvre ｜ Les Châtelet La Cité ｜ Marais Bastille ｜ St-Germain Q. Latin ｜ Montparnasse ｜ Monmartre

105

用生啤酒Santé！

在營業至深夜的小酒館
自在享用豐盛餐點

「Brasserie」就是可以暢飲啤酒、又能享用餐點的法式居酒屋。
以下將介紹4家當地的人氣小酒館，就用美味佳餚和沁涼啤酒Santé（乾杯）吧！

以招牌菜
烤豬腳
Santé！

向裝飾藝術
打造出的氛圍
Santé！

1. 表皮烤得焦
香酥脆的烤豬
腳€21.30和
生啤酒€6
2. 紅色外觀相
當吸睛，露天
座無論任何季
都很搶手

1. 昔日巴黎風情的內裝讓人
著迷　2. 24小時隨時都能用
餐，方便性相當高　3. 海鮮
酥皮濃湯€37和生啤酒€6

夏特雷-
磊阿勒　別冊①
MAP
P11C1

Au Pied de Cochon

人氣啤酒屋的名菜竟是豬腳！
既然以豬腳＝Pied de Cochon為店名，想當然
爾，烤得焦香酥脆的豬腳料理即該店的招牌。其
他還備有海鮮、洋蔥湯等經典的法國菜。可頌麵
包的早餐套餐€6.10也很受歡迎。

DATA　交M4號線LES HALLES站步行2分
住6, Rue Coquillière 1er
☎01 40 13 77 00
時24小時　休無休
☑有懂英語的員工　☑有英文版菜單　□需預約

歌劇院　別冊①
MAP
P19C2

Le Grand Café

裝飾藝術風格的室內設計相當壯觀！
和歌劇院同樣採裝飾藝術打造的奢華裝潢，成為
這家小酒館的一大特色。能在彩繪玻璃和慕夏風
壁畫點綴的寬敞店內享用佳餚，以酥皮海鮮湯、
生蠔拼盤等魚貝料理為主力菜色。

DATA　交M3·7·8號線OPÉRA站步行1分
住4, Bd. des Capucines 9e
☎01 43 12 19 00
時24小時　休無休
☑有懂英語的員工　☑有英文版菜單　□需預約

小小
知識

巴黎的餐廳基本上都是週日、一公休，小餐館通常在午餐時間結束後就會一直休息到晚上營業前。
若找不到用餐的地方，就選擇大多沒有休息時間的小酒館吧。

🍴 小餐館＆小酒館的代表性菜色

奶油香煎魚排
Sole Meunière
彰顯出白身魚清淡風味的奶油香煎

美乃滋水煮蛋
L'oeuf Mayo
將水煮蛋淋上自製美乃滋醬的簡單前菜

紅酒燉牛肉
Boeuf Bourgignon
勃艮地風味的紅酒燉牛肉

牛肉蔬菜鍋
Pot-au-feu
用牛肉和大塊蔬菜長時間燉煮而成的湯品

美食 小酒館

向傳統料理
Santé！

向美好年代的
懷舊氛圍
Santé！

1．將白豆和豬肉放入土鍋長時間燉煮的鄉土料理卡蘇雷€19.50，生啤酒€4.90
2．動作俐落的侍者也是這家店的特色

1．曾做為電影《玫瑰人生》的拍攝地
2．已被指定為歷史建築物　3．香烤鱸魚€29

聖路易島　別冊① MAP P11D3

Le Brasserie de l'Isle Saint-Louis

可眺望塞納河的露天座是最佳選擇！

位於聖路易島的塞納河畔，是一家擁有超過百年歷史的別緻酒館。從卡蘇雷白豆燉肉、酸菜香腸等適合搭配啤酒的菜色，到蛋包、沙拉等輕食，選擇豐富，還能吃到人氣的Berthillon Salon de Thé（→P80）冰淇淋，滿足饕客的味蕾與心情。也可只點用咖啡。

```
DATA　交M7號線PONT MARIE站步行7分
住55, Quai de Bourbon 4e
☎01 43 54 02 59
時12～23時　休週三
☑有懂英語的員工　☑有英文版菜單　☐需預約
```

歌劇院　別冊① MAP P7D3

Julien

瀰漫著古老美好年代的巴黎風情！

在新藝術運動風格的金碧輝煌店內，能品嘗到韃靼牛肉、蝸牛、巴巴蘭姆酒蛋糕等傳統料理。晚上還提供可從菜單挑選喜好菜色的全餐€45.50，享受懷舊氛圍的同時也能大啖美食。

```
DATA　交M4·8·9號線STRASBOURG ST-DENIS站
步行3分　住16, Rue du Faubourg St-Denis 10e
☎01 47 70 12 06
時12～15時、19時30分～翌日1時　休無休
☑有懂英語的員工　☑有英文版菜單　☐需預約
```

Tour Eiffel Passy｜Champs-Élysées｜Opéra Louvre｜Les Châtelet La Cité｜Marais Bastille｜St-Germain Q. Latin｜Montparnasse｜Monmartre

107

品味星級餐廳的經典招牌菜

『米其林指南（Guide Michelin）』是以星星數代表餐廳評價的美食指南，以下是從2014年入選法國版的巴黎三星、二星、一星米其林餐廳中，再精選出兼具美味和氣氛的5家餐廳。

米其林 ★★★　別冊① MAP P18B4　●羅浮宮周邊

Le Meurice Alain Ducasse

目前最受世界美食家矚目的餐廳

從2013年9月起改由Alain Ducasse統籌的餐廳。傳統料理搭配現代食材和技術，營造出清新輕快的氛圍，勾起全世界美食家的目光，名列當今巴黎必吃的口袋名單之一。

DATA 交M1號線TUILERIES站步行1分
住Hôtel Meurice, 228, Rue de Rivoli 1er
☎01 44 58 10 55　時12時30分～14時、19時30分～22時　休週六・日・11月1日
☑需預約　☑有著裝規定
☑有懂英語的員工　☐有英文版菜單

Chef's Profile

©Pierre Monetta

Christophe Saintagne
曾任Hôtel de Crillon的副主廚，在2010年轉任為三星餐廳Plaza Athénée的總廚師長。2013年9月起晉升Le Meurice的主廚。

1.鰹魚茄子前菜€95。全餐平日午間2道€85，午晚間共通€380　2.以凡爾賽宮的「和平廳」為藍本打造的豪華店內。優雅的服務，不愧是米其林三星的水準

Chef's Profile

Eric Frechon
史上最年輕的法國最佳工藝師〈M.O.F〉得主。1999年擔任Epicure（前身為Le Bristol）的主廚，2009年獲得米其林三星的殊榮。

米其林 ★★★　別冊① MAP P5D3　●香榭麗舍

Epicure

品嘗最頂級的法國料理

位在被評選為最高等級「Palace」的飯店內餐廳，能品嘗到天才廚師與知名主廚以傳統法國菜為基礎，精心打造出的創意餐點。最出名的松露通心麵、香烤膀胱雞等名菜皆不容錯過。

DATA 交M9・13號線MIROMESNIL站步行3分
住Hôtel Bristol,112, Rue du Faubourg Saint-Honoré 8e　☎01 53 43 43 40　時12～14時、19～22時　休無休
☑需預約　☑有懂英語的員工
☑有英文版菜單　☑有著裝規定

1.塞入黑松露、朝鮮薊和鴨肝的通心管麵€95。套餐平日午間€130，午晚間共通€295～　2.2011年整修後重新開幕。眼前即綠意盎然的中庭，景色優美

小小資訊　有許多熱門餐廳在1個多月前便已訂位客滿，近來提供網路預約的店家也陸續增加，可趁早訂位。當天請配合餐廳等級選擇適宜的服裝。於桌邊即可結帳，離開前建議將相當於餐費5～10%的現金小費放在桌上。

●聖多諾黑街

Sur Mesure par Thierry Marx

©Mathilde de L'Ecotais.

Thierry Marx

曾任職巴黎的米其林三星餐廳、京都的宴席料理老店，之後在波爾多榮登二星主廚。2011年於巴黎開店，2012年即獲得米其林二星的肯定。

刺激五感的創意料理

隨著巴黎文華東方酒店一同開幕的餐廳，將食材以分子單位烹調的科學手法，再加上受到日本料理影響的精緻餐點，不論擺盤還是風味都讓人驚艷。

DATA 交M1・8・12號線CONCORDE站步行7分　住Hotel Mandarin Oriental 251, Rue Saint-Honoré 1er　☎01 70 98 73 00　時12～14時、19時30分～21時30分　休週日、一
☑需預約　□有懂英語的員工
☑有英文版菜單　☑有著裝規定

1.豆芽菜、牡蠣和牛肝蕈燉飯，僅提供全餐，午餐€65～、晚餐€175～　2.店內以白色統一調性，牆面和天花板上掛著風格嶄新的編織藝術

佐藤伸一

曾在「L'Astrance」、「Mugaritz」等三星餐廳磨練手藝，2009年開設「Passage 53」。兩年後的2011年即拿下米其林二星的殊榮。

1.索洛涅魚子醬＆馬鈴薯麵疙瘩，僅提供全餐，平日午餐€60、晚餐€140
2.2012年內部重新翻修

●歌劇院

Passage 53

重視食材，追求真實的風味

在法國獲得米其林二星榮耀的首位日本主廚。認真看待食材，追求「縱使費時費工，卻能給人明快率直印象的料理」。饒富滋味的餐點，道道都讓人感動。

DATA 交M8・9號線GRANDS BOULEVARDS站步行4分　住53, Passage des Panoramas 2e　☎01 42 33 04 35　時12～13時、20～21時　休週日、一
☑需預約　☑有懂英語的員工
□有英文版菜單　☑有著裝規定

●夏特雷—磊阿勒

Restaurant Kei

視覺和味覺都能感受到幸福

於Alain Ducasse麾下擔任二廚，累積了7年半的經驗，自行開店後隨即在隔年摘下米其林一星榮耀的實力派。鮮艷的擺盤與襯托出食材精髓的風味，都讓人醉心不已。

DATA 交M1號線LOUVRE-RIVOLI站步行5分　住5, Rue Coq Héron 1er　☎01 42 33 14 74　時12時30分～13時30分、19時45分～21時　休週四午間、週日、一
☑需預約　☑有懂英語的員工
□有英文版菜單　☑有著裝規定

小林圭

1000年前任供養地方名店，2003年進入三星餐廳Plaza Athénée。2011年獨立開店，隨即於2012年摘下米其林一星。

1.甜菜根與清脆新鮮蔬菜的美麗組合，僅提供全餐，午餐€52～、晚餐€99～　2.店面改裝自知名老店

在居酒屋風的葡萄酒吧享用晚餐
輕鬆又自在的酒窖餐廳

品味葡萄酒的同時，還能搭配輕食的居酒屋式「酒窖餐廳」（Cave à Manger）是最新潮流。
在此介紹供應餐點從火腿、乳酪等下酒菜，到正統料理應有盡有的4家熱門餐廳。

Frenchie Bar à Vins

歌劇院　別冊① MAP P7D4

美食葡萄酒吧的排隊名店

該店為很難訂到位的小餐館「Frenchie」姐妹店。
葡萄酒吧位於餐館正面，不提供訂位服務，總在開
店前便出現長長人龍。廣受推崇的祕訣在於使用當
令食材烹調的美味佳餚，從前菜、義大利麵、主菜
到甜點，皆會依照當日採購的食材而變換。

DATA 交M3號線SENTIER站步
行1分　住6, Rue du Nil 2e
☎無　時19～23時　休週六・日

開店前15分鐘在入口
排隊就能確保入座

人氣 No.1

瑞可塔乳酪與青豆的義大
利麵€14

人氣 No.2

奶油鵝肝、甜酸醬大黃根
€16

番茄、茄子抹醬和費
達乳酪的沙拉€10

人氣 No.3

🍷 推薦的葡萄酒

收集了140款「從土壤到製
作過程都十分講究的美味葡
萄酒」，單杯酒€6～。特
別推薦薩瓦地區2013年份
的辣口紅酒『Marie-
Clothilde』
€50（照片
中央）。

酥脆的豬腳可樂餅
佐塔塔醬€5

人氣 No.1

人氣 No.2

蟹肉、番茄佐里卡爾
茴香酒泡沫€6

🍷 推薦的葡萄酒

多達120款的葡萄酒中，大
多為天然葡萄酒。口感細膩
又獨具個性的辣口白葡萄酒
『Montesquiou』為居宏頌
產的2013年
份€22（照片
左）也是一支
有機葡萄酒。

人氣 No.3

鵝肝紅椒串燒€7

L'Avant Comptoir

聖日耳曼德佩　別冊① MAP P21D3

多樣菜色和實惠價格為最大魅力

由掀起小餐館風潮的知名主廚所開設的店，為只
設吧檯的站式酒吧，提供110種簡單的開胃小菜
€5～和單杯葡萄酒€3～，價格實惠又美味。
2013年11月經過大規模改裝，將店內面積擴充
至兩倍大！

DATA 交M4・10號線ODÉON站
步行1分　住3, Carrefour de
l'Odéon 6e　☎01 44 27 07 97
時12～23時　休無休

手指天花板上的附圖
菜單即可點餐

巴黎目前仍有栽種葡萄，其中最有名的就是蒙馬特的葡萄園（別冊①MAP●P24B2）。每年10月的第2週末會舉辦為期
數日的盛大採收慶典。以該地葡萄所釀造的稀有巴黎產區葡萄酒也有對外販售。

法國葡萄酒的代表性酒款

勃艮地
Bourgogne

（紅）大多以黑皮諾單一品種釀造，給人華麗、嬌柔的印象
（白）幾乎100%由夏多內品種釀製，濃郁香氣與水果風味廣受歡迎

波爾多
Bordeaux

（紅）單寧重、口感濃厚沉重的陽剛風味，酒瓶外型以高肩線條為特徵

阿爾薩斯
Alsace

（白）以麗絲玲或希瓦納品種釀造，果味強烈、口感纖細的葡萄酒。酒瓶外型為細身斜肩

普羅旺斯
Côte de provence

（玫瑰）辣口玫瑰紅酒的代表酒款。口感清新、風味馥郁，很適合搭配鮮魚料理或夏天的佐餐酒

歌劇院 別冊① MAP P7D2

Vivant Cave

天然葡萄酒餐廳的姊妹店

供應天然葡萄酒的美食餐廳「Vivant Table」的2號店。提供沙拉、烤肉等與葡萄酒相配的簡單餐點，每一道都十分美味。菜單每天都會更替，不論何時造訪都有新鮮感。2014年夏天開始由新任的瑞典主廚負責菜色。

DATA　交M8・9號線BONNE NOUVELLE站步行7分　住43, Rue des Petites Écuries 10e　☎01 42 46 43 55　時18～24時　休週日 E E

當日菜單與推薦酒單都會寫在黑板上

人氣No.1

鴨肝醬佐橙香紅酒醬€19

人氣No.2

韃靼牛肉佐葡萄柚、瑞可塔乳酪€14

人氣No.3

番茄、小黃瓜和費塔乳酪的希臘風沙拉€10

🍷 推薦的葡萄酒

陳列在吧檯後方的200種葡萄酒均為有機葡萄酒。素有薄酒萊大師稱號的Jean Foillard之作，2011年份的紅酒『Morgon Côte du Py』€34（照片中央）實為絕品佳釀。

美食 酒窖餐廳

人氣No.1

從義大利直接運送、口感綿密的布拉塔乳酪€10

人氣No.2

義大利產的生火腿『San Daniele』€15

人氣No.3

西班牙產伊比利橡實豬的火腿€17

🍷 推薦的葡萄酒

風味強烈、富有層次的玫瑰紅酒『Ombre et Soleil』2011年份€18（照片中央）是義大利西西里島產原的清淡果香葡萄酒『Fanino Catarratto e Pignatello』2011年份€70（照片左）。

聖日耳曼德佩 別冊① MAP P21D2

Épure

700款自然葡萄酒齊聚一堂

米其林一星餐廳「Agapé」於2013年開幕的葡萄酒吧，收集多達700種以法國產區為主的天然葡萄酒，其中也不乏珍貴的陳年葡萄酒。單杯葡萄酒€6～。夏天會提供生火腿和乳酪，冬天則有松露薯條等簡單的小菜。

DATA　交M4・10號線ODÉON站步行5分　住33, rue Mazarine 6e　☎01 46 34 84 52　時16時～翌日2時　休週日・一 E E

大吧檯的兩側設有高腳椅

| Tour Eiffel Passy | Champs-Élysées | Opéra Louvre | Les Châtelet La Cité | Marais Bastille | St-Germain Q. Latin | Montparnasse | Monmartre |

111

誘人的小麥香…

烘焙坊剛出爐的法式麵包

到了法國，當然要去麵包店嘗嘗正統的法式麵包！
剛烤好的長棍麵包外皮酥脆、內層彈牙，是在濕度低的法國才吃得到的道地風味。

維也納甜麵包
Viennoiserie

以揉入大量的奶油和牛奶、反覆折疊出層次的麵糰所烘烤出的甜麵包，有可頌、巧克力麵包等，以香甜的香氣與酥脆口感為特色。

葡萄蝸牛捲
Pain aux raisins

將加了葡萄乾和奶油的可頌麵糰捲成蝸牛的形狀 €1.30 D

維也納原味麵包
Viennoise nature

揉入牛奶和奶油，帶有微甜香氣的樸實風味麵包。€1.10 D

可頌麵包
Croissant

在法國一般都會做成菱形，將奶油均勻包在麵糰內，反覆折疊即可做出酥脆口感。

€1.05 C

蘋果拖鞋麵包
Chausson aux pommes

將糖漬蘋果包入派皮，烘烤成葉子的形狀，即法國版的蘋果派。€1.30 D

布里歐許麵包
Brioche

使用大量雞蛋、奶油和牛奶製作，吃起來有如蛋糕般入口即化。€4.70 B

巧克力麵包
Pain au chocolat

在四角形的可頌麵糰內包入巧克力，風味濃郁的麵包。
€1.35 B

杏仁可頌麵包
Croissant aux amandes

結合可頌麵包和富含香氣的杏仁奶油烘焙而成的甜麵包。€1.90 A

A ●歌劇院
別冊① MAP P7C4

Régis Colin

廣受當地人喜愛的麵包店

供應長棍麵包、可頌麵包、國王餅等，在比賽中獲獎無數的名店。當地客人絡繹不絕的店內，不斷飄出麵包剛出爐的熱騰騰香氣，讓人忍不住想多買幾個。

DATA 交M4號線LES HALLES站步行6分
住53, Rue Montmartre 2e
☎01 42 36 02 80
時6～20時 休週六・日 E

B ●聖日耳曼德佩
別冊① MAP P20B3

Poilâne

全世界知名度最高的鄉村麵包

自創業以來持續遵循古法烘焙的老舖，使用給宏德的海鹽和天然酵母，將石臼碾磨出的麵粉手工揉製成麵糰，並以傳統的燒窯烘烤麵包。上頭刻有「P」字、直徑約30公分，名為「Miche」的鄉村麵包也十分有名。

DATA 交M10・12號線SÈVRE S-BABYLONE站步行4分 住8, Rue du Cherche-Midi 6e ☎01 45 48 42 59 時7時15分～20時15分 休週日 E

小小資訊 巴黎市每年皆會舉辦長棍麵包競賽，冠軍可獲得未來一年供應法國總統府愛麗榭宮一年份長棍麵包的殊榮。各區會發布排名，得獎者大多會在店門口貼上1er Prix等標示，可做為挑選麵包店時的參考。

主食麵包
Pain

長棍麵包是法國餐桌上不可或缺的主食。只要跟店員說「Demi Baguette」就可以只買半條，依照自己的需求份量購買。

推薦的午餐麵包

有不少巴黎人會以稱為「Casse-croûte」的三明治做為午餐。鹹派既有飽足感又簡便，也是人氣之選。

菠菜山羊乳酪鹹派
€4.30 **C**

番茄莫札瑞拉乳酪
三明治 €3.90 **D**

鄉村麵包
Pain de campagne

帶有酸氣的圓形鄉村麵包。外皮厚又硬、很有份量，可耐久放。
€4.76/1kg **B**

裸麥麵包
Pain de seigle

含裸麥、略帶酸氣的佐餐麵包，與乳酪、生火腿和生蠔十分對味。
€2.30 **D**

穀物麵包
Pain aux céréales

添加穀物的麵包。吃之前事先再烤過會更香，能品嘗到各種穀物的風味。€2.30 **D**

長棍麵包
Baguette

重約250公克、長約65公分，連6～7刀切口以及售價都有統一標準的基本款麵包。€0.95 **A**

傳統長棍麵包
Tradition
(Baguette tradition)

經過長時間發酵的長棍麵包。價格雖然略高，但風味佳、很有嚼勁。€1.15 **D**

細繩麵包
Ficelle

重量約長棍麵包的一半(約120公克)，3～4刀切口，適合1～2人的份量。
€0.90 **A**

吐司
Pain de mie

法國的吐司。使用與長棍麵包相同的麵粉製作，因此表面的口感會稍硬。€1.90 **A**

C 別冊① MAP P11D4　●拉丁區
La Maison Kayser

法國頂級麵包店的起始

天才麵包師Eric Kayser所開設的1號店，可頌被費加洛報評比為No.1後，也開始積極向海外展店。以天然酵母發酵的傳統工法製作的麵包帶有強烈的香氣，堪稱正統的法國風味。

DATA　交M10號線MAUBERT-MUTUALITÉ站步行2分　住8, Rue Monge 5e　☎01 44 07 01 42
時6時45分～20時30分(週六・日6時30分～)　休週二 **E**

D 別冊① MAP P24B3　●蒙馬特
La Grenier à Pain

法國前總統薩科齊最愛的長棍麵包

2010年贏得長棍麵包競賽的麵包師傅Michel Galloyer創業的麵包店。欣賞小麥香氣迷人著迷的頂級傳統長棍、維也納甜麵包、三明治、蛋糕和甜點等，每一樣都讓人愛不釋口。

DATA　交M12號線ABBESSES站步行2分
住38, Rue des Abbesses 18e
☎01 46 06 41 81　時7時30分～20時　休週二・三 **E**

Tour Eiffel Passy　Champs-Élysées　Opéra Louvre　Les Châtelet La Cité　Marais Bastille　St-Germain Q. Latin　Montparnasse　Monmartre

113

Column

有許多看起來好好吃的家常菜和甜點

買些現成的熟食野餐去吧！

巴黎人只要有溫暖的陽光和綠地，馬上就可以野餐起來了。
不妨挑選幾樣家常菜和甜點，到公園或廣場享受悠閒又優雅的午餐吧！

鹹派€6.50。除了櫛瓜和費塔乳酪外，還有茄子、番茄等健康配料而頗受好評 Ⓐ

以北非小米（庫斯庫斯）佐甜椒、小黃瓜、番茄和薄荷的塔布蕾小米沙拉，1人份€3.50（€24 / 1kg） Ⓑ

帶酸氣的新鮮乳酪與番茄醬的凍派，1人份€5（€55 / 1kg）。由於質地軟嫩，建議以麵包沾著吃 Ⓑ

紅蘿蔔蛋糕€5.50，肉桂與濃郁的奶油乳酪相當對味！ Ⓐ

一口大小的點心，有番茄、乳酪口味的鹹派、梅乾培根捲等種類豐富的熟食。各€1.35～ Ⓑ

放上草莓、覆盆子、小餅乾和馬卡龍的義式奶酪€4.50，杯裝吃起來也很方便 Ⓑ

紅蘿蔔絲、醋醃四季豆的咖哩風味雜糧沙拉（€28.50 / 1kg，照片中為€7.67） Ⓐ

Ⓐ 別冊① MAP P23C1 ●瑪黑區

Rose Bakery

總是大排長龍的健康輕食咖啡館

餐點一擺上桌馬上就賣完的熱門咖啡館。瑪黑店由於來自周邊精品店和工作室的訂單，白天店裡都處於供不應求的狀態。所有餐點均可外帶，菜色每天替換。

DATA 交Ⓜ8號線FILLES DU CALVAIRE站步行5分 住30, Rue Debelleyme 3e ☎01 49 96 54 01 時9～18時 休週一 Ⓔ

Ⓑ 別冊① MAP P21C3 ●聖日耳曼德佩

Gérard Mulot

家常菜、麵包和甜點一應俱全

有色彩鮮豔的沙拉和蛋糕的糕點店。由於熟食、甜塔以重量計價，建議先告知人數，以多種類、少份量的方式購買。店內也設有用餐空間。

DATA 交Ⓜ4·10號線ODÉON站步行3分 住76, Rue de Seine 6e ☎01 43 26 85 77 時6時45分～20時 休週三、8月

小小資訊 巴黎最推薦的野餐地點是盧森堡公園（→P81）和植物園（→P83）等地。大多店家都不會附叉子和餐巾紙，最好自行攜帶或是到超市購買免洗餐具。

追加行程

欣賞美術館的名作後，

在歌舞秀中享受巴黎的夜晚。

前往電影的外景拍攝地，

體驗走進電影情節的氣氛♪

跟隨畫家的解說 遊覽巴黎三大博物館

羅浮宮＆奧賽＆橘園

來到藝術之都——巴黎必訪的三大博物館。
接下來將由日本代表性的現代美術家山口晃來解說巴黎最自豪的藝術真跡。

[導覽人]
山口晃（Yamaguchi Akira）

©Paris Tourist Office · Photographer：Amélie Dupont · Architect：Ieoh Ming Peï

羅浮宮	別冊① MAP P10B2

羅浮宮博物館
Musée du Louvre

館藏量世界之最

1793年開館的國立美術館，由黎塞留館、敘利館、德農館等3棟所構成，展示面積從各館的地下夾層到3樓綿延約6萬㎡。館藏量堪稱世界第一，從約30萬件橫跨古代至19世紀的收藏品中，精選約2萬6000件藝術品做為常設展品，尤其以義大利、法國繪畫最具人氣。

```
DATA
Ⓜ1・7號線PALAIS ROYAL-MUSÉE DU LOUVRE站步行
1分 ⓐMusée du Louvre ☎01 40 20 53 17 ⓗ9～
18時（週三・五～21時45分） ⓧ週二 ⓟ€12（每月第1
週日免費），語音導覽€5
※可使用巴黎博物館通行證（PMP→P9）
☑有懂英語的員工
```

入館後請先索取樓層平面圖

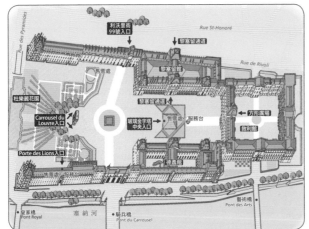

入館前Check

・售票處與入口
入口有4個，門票可於左圖中的售票處購買。若持巴黎博物館通行證（PMP）可從Porte des Lions入口直接入場，不需排隊。

・樓層平面圖與語音導覽
服務台備有中文版樓層平面圖，出示護照或駕照還可租借語音導覽€5。

・寄放行李
於玻璃金字塔下方的拿破崙廳和Porte des Lions入口出示門票即可免費寄放行李（禁放大行李箱和飲料）。9～17時45分（週三・五～21時45分）。

・重複入場
在入口出示當日門票即可重複入場。

小小資訊 2012年5月底，羅浮宮博物館中庭金字塔的照明已全數更換成日本東芝公司的LED燈，成功節省了約73%的耗電量，未來也預定更換館內的部份繪畫照明。

地下夾層　雕刻與城牆遺跡

展示充滿動態美的雕塑和城堡遺跡。在黎塞留館玻璃窗環繞下的2座中庭，依年代順序陳列著7～19世紀左右的雕刻作品。

©Musée du Louvre

©Musée du Louvre

©Musée du Louvre

馬利中庭
Cour Marly

排列著曾經裝飾在路易十四別宮——馬利庭園的雕刻。其中的焦點是庫斯圖製作的一對知名雕刻『馬利的駿馬』

普傑中庭
Cour Puget

集結17世紀的雕刻家普傑富躍動感的作品。表現出人類肉體極致痛苦的『克羅頓的米隆』更是必看之作

中世紀羅浮宮
Louvre Medieval

12～13世紀由腓力二世奧古斯特國王建造的碉堡遺跡，於1983年博物館改建工程中被挖掘出土

1樓　古代～中世的雕刻

蒐集5～19世紀的法國雕刻與名人胸像，還有以米開朗基羅為中心的義大利雕刻等，廣蒐來自各地的獨創雕刻作品。

①漢摩拉比法典
Code de Hammurabi

刻上「以眼還眼，以牙還牙」律法的法典石碑

②拉美西斯二世坐像
Le roi Ramses

古代埃及史上權力最大的專制君主拉美西斯二世的坐像

③米羅的維納斯
Vénus de Milo

1820年於愛琴海米羅斯島發現的希臘美術傑作。身體的線條及布料皺褶造出的深邃陰影極具美感

④抵抗的奴隸（左）、垂死的奴隸（右）
/皆為米開朗基羅的作品
l'Esclave rebelle,
l'Esclave mourant/Michelangelo

米開朗基羅未完成的作品，刻劃出奴隸被鎖鍊繫住的姿態。原本是受教皇尤利烏斯二世之託所構思的巨大墓碑，後來因經濟困難而中止製作

©Musée du Louvre

①
©Musée du Louvre

雖然乍看之下為靜止狀態般的作品，但只要試著模仿雕像的姿勢，就能明瞭其實雕刻出的身軀正進行大幅度的動作。如此傑出的雕刻作品，即使從後方欣賞也十分迷人，務必以360度環繞一圈，好好欣賞這尊作品。

②
©Musée du Louvre
Photo: HEMIS/aflo

©Musée du Louvre
©Musée du Louvre
④

Tour Eiffel Passy｜Champs-Élysées｜Opéra Louvre｜Les Châtelet La Cité｜Marais Bastille｜St-Germain Q. Latin｜Montparnasse｜Monmartre

117

2樓　繪畫傑作齊聚一堂

集結13～17世紀的法國、義大利繪畫大作。黎塞留館有拿破崙三世相關的收藏品，敘利館則展示著法老時代的埃及美術。

迦拿的婚宴/保羅・威羅內塞

Les Noces de Cana/Paolo Veronese

1563年之作，為羅浮宮收藏品中尺寸最大的繪畫。展現出威尼斯畫派的鮮豔色彩及畫家擅長的眾多人物畫風

©Musée du Louvre

薩莫色雷斯島的勝利女神/作者不詳

La Victoire de Samothrace

發現於薩莫色雷斯島，為希臘化時代的代表性作品。以希臘神話中的勝利女神為主角，精巧刻劃出衣襬隨風飄揚的模樣

Photo:AP/aflo

> 沒有手臂也沒有頭部，留給觀看者無限的想像空間，也因此被視為名作。連翅膀也充滿躍動感的姿態相當吸睛。

岩窟聖母

/李奧納多・達文西

Virgin of the Rocks/
Leonardo da Vinci

1486年繪製的祭壇畫。聖母瑪利亞在畫作中央、聖約翰和耶穌在旁的構圖，至今仍引起諸多解釋

Photo:Artothek/aflo

聖方濟各接受聖痕

/喬托・迪・邦多納

Stimmate di San Francesco/
Giotto di Bondone

14世紀義大利畫家喬托的代表作，畫中的主角為聖方濟各，輪廓分明，給人栩栩如生的感覺

Photo:ALBUM/aflo

> 在喬托之前的畫家作品中，神和人的臉部都是沒有表情的。若當時的人們看到這幅畫，可能也會詫異於人的表情怎麼會如此豐富吧。

蒙娜麗莎/李奧納多・達文西

La Joconde/Leonardo da Vinci

1503～06年的作品，是達文西一直留在身邊的作品，為羅浮宮的第1號收藏畫作。展示在德農館2樓

Photo:Alamy/aflo

> 比起無法近距離欣賞的『蒙娜麗莎』更能看出畫家的技巧。與旁邊的素描（不定期展示）相較，即可一窺筆觸和描繪的手法。

拿破崙一世加冕禮（部份）

/雅克－路易・大衛

Sacre de l'empereur Napoléon 1er/
Jacques-Louis David

描繪1804年於巴黎聖母院舉行加冕儀式時的模樣。在這幅氣氛莊嚴的歷史畫中，拿破崙正要為妻子約瑟芬戴上皇冠

©Musée du Louvre

> 畫作的規模相當龐大！雖然有多處未完全上色，但也因為畫家並未錯過「最該描繪的重點」，這些小缺失必須將距離拉遠才能清楚看見。

3樓　法國繪畫史的集大成

羅浮宮擁有足以一覽法國繪畫歷史的豐富收藏。有荷蘭、德國、法蘭德斯畫派的作品，以及魯本斯、維梅爾等畫家之作，相當有參觀的價值。

亞維儂的聖殤
/昂蓋宏·卡赫通

La Pietà d'Avignon/Enguerrand Quarton

15世紀繪製的法國繪畫最佳傑作，描繪出死去的耶穌從十字架上卸下的模樣，以及抱著耶穌的聖母瑪利亞

Photo:Alinari/aflo

> 宛如工藝品般的背景，與省略許細節的肖像畫風之間的平衡十分巧妙。平面的金箔背景，透過多位群像的陰影，勾勒出後方的一片天空。

阿卡迪亞的牧人
/尼古拉·普桑

Les Bergers d' Arcadie/
Nicolas Poussin

代表1638～40年古典主義的普桑作品。在被稱為世外桃源的阿卡迪亞一景，描繪出對死亡的沉思冥想

©Musée du Louvre

> 這幅畫雖然用色樸實，但哪個位置要描繪什麼其實都經過精密計算，因此與同時代其他畫家的作品相比，前景到後景的連貫性較為流暢，營造出開闊的空間感。

織花邊的少女
/約翰尼斯·維梅爾

La Dentellière/
Johannes Vermeer

1620年左右的作品，為一生只留下約30件作品的維梅爾畫作之一。這幅畫的尺寸長24公分、寬21公分，出乎意料地小巧

©西端秀和/aflo

瑪麗皇后在馬賽港登陸
/彼得·保羅·魯本斯

Le Débarquement de la
Reine à Marseille/
Peter Paul Rubens

以『瑪麗·梅第奇生平』為主題的21幅畫作之一。1622年的作品，描繪嫁入皇室的義大利富豪千金的一生

©Musée du Louvre

> 由於畫家精確掌握住對比人物的形體，即使是比實際大小還要大的人物，也能為畫作保有完美的構圖。

小憩片刻&伴手禮

 Café Mollien

位於德農館2樓、蒙娜麗莎展示室的附近，輕食菜單種類豐富。5～10月還會開放可一望玻璃金字塔的露天座。
DATA ☎無　時10時30分～16時50分（週三·五～18時50分）休週二
E E

↑溫蘋果塔加鮮奶油€6.60

Café Marly

黎塞留館內的咖啡餐廳，出自旗下擁有多家時尚店家的科斯特兄弟之手。基本上以法國菜為主，也提供港式點心等亞洲風味料理。
DATA ☎01 49 26 06 60　時9～翌日2時　休無休 E E

供餐至深夜1時

Réunion des Musées Nationaux

設於玻璃金字塔下方的禮品店，陳列著眾多原創商品，不需門票也能入店。
DATA ☎01 40 20 53 53　時9時30分～19時（週三·五～21時45分）
休週二 E

1.以王政時代為設計靈感的紙香皂€9.90　2.小尺寸的蒙娜麗莎筆記本€4.90，適合當作伴手禮送人

Tour Eiffel Passy | Champs-Élysées | **Opéra Louvre** | Les Châtelet La Cité | Marais Bastille | St-Germain Q. Latin | Montparnasse | Monmartre

119

奧賽博物館
Musée d'Orsay

20世紀初的印象派殿堂

1986年成立的美術館，前身為火車站，館內規劃成地上層、中層、上層等3層樓的展示空間。館藏以最受歡迎的莫內、雷諾瓦、希斯里等印象派畫家的作品為主軸，收藏約2萬件1848～1914年間的歐洲繪畫和雕刻，目前展示著4000件左右的作品。

```
DATA
交M12號線SOLFÉRINO站步行3分　住62, Rue de Lille 7e　☎
01 40 49 48 14　時9時30分～18時（週四～21時45分）　休週一
料€9（週四以外16時30分～及週四18時～€6.50），每月第1週日免
費，與橘園美術館的套票€16（各入館1次，4日內有效），中文語音導覽
€5　※可使用巴黎博物館通行證（PMP→P9）
☑有懂英語的員工
```

1.建築物的前身是配合1900年巴黎萬國博覽會所興建的奧賽車站　2.玻璃帷幕的天花板與挑高的明亮空間還保留著車站建築的氛圍

入館前Check

・售票處與入口
可於塞納河側的入口購買門票。若持PMP不需排隊即可入場。

・樓層平面圖與語音導覽
可在服務台索取中文版的樓層平面圖和中文語音導覽（€5）。

・寄放行李
售票處右後方的寄物間提供免費的保管服務，最大可容納40×60×60公分的行李。背包和傘具依規定必須寄放。

・重複入場
一旦離館就不得再入場，請務必留意。

Le Restaurant

由建於1900年的車站附設飯店餐廳改裝而成。午間套餐2道€22～，僅週四供應晚餐€57（需預約）。

DATA ☎01 45 49 47 03　時9時30分～17時45分（週四9時30分～14時45分、19～21時）　休週一

Réunion des Musées Nationaux

美麗的蛋杯
€15

設於入口大廳的商店，有許多出自當紅設計師之手、品味出眾的奧賽博物館商品。

DATA ☎01 44 49 48 06　時9時30分～18時30分（週四～21時15分）　休週一

橘園美術館
Musée de l'Orangerie

展示印象派和巴黎派的名作

為了展出莫內繪製的8幅『睡蓮』巨幅系列畫作，而於1927年所創立的國立美術館。陳列的作品以地下1樓20世紀初畫商保羅・紀庸的收藏品為中心，還有雷諾瓦、塞尚等印象派以及畢卡索、亨利・盧梭等巴黎派的畫作。

```
DATA
交M1・8・12號線CONCORDE站步行3分　住Jardin des Tuileries 1er
☎01 44 77 80 07　時9時～18時　料€7.50（17時～€5），每
月第1週日免費，與奧賽博物館的套票€16（各入館1次，4日內有效），中
文語音導覽€5　※可使用巴黎博物館通行證（→P9）使用可
☑有懂英語的員工
```

入館前Check

・售票處與入口
可於1樓的入口購買門票，持當日門票即可重複入場。

・樓層平面圖與語音導覽
可在服務台索取樓層平面圖和中文語音導覽（€5）。

・寄放行李
入口進去後即行李檢查處，前方就有免費的寄物間。

Réunion des Musées Nationaux

設於通往地下1樓的途中，販售以莫內作品為主題的原創商品。

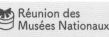

里蒙日瓷器的藝術擺飾
€129

DATA ☎01 42 96 77 71　時9時～17時45分　休週二

小小資訊　若想在一天內逛完3大美術館，在交通的便利性上，建議可依羅浮宮博物館→奧賽博物館→橘園美術館的順序參觀。由於週三、五的羅浮宮博物館和週四的奧賽博物館有夜間開放，可安排最後再去。

奧林匹亞/愛德華‧馬內

以提香的『烏比諾的維納斯』為構圖基礎,將女神換成妓女。由於展示之初引起眾多非議,還出動警衛在旁駐守

煎餅磨坊的舞會
/皮耶－奧古斯特‧雷諾瓦

1876年以蒙馬特為背景所繪製的作品。藉由光線的描繪和活潑的筆觸,呈現出栩栩如生的人物群像

還有還有!
山口晃的推薦作品

館內除了收藏亞歷山大‧卡巴內爾等在當時被視為學院派的畫作以外,也收藏了喬治‧安托萬‧霍須葛侯斯的『花之騎士』等致力於開創新風格的畫作。

維納斯的誕生/卡巴內爾

蘋果與柳橙/保羅‧塞尚

塞尚的靜物畫代表作。從上方、側邊等各種角度捕捉水果和掛毯等物體的形態。雖然給人厚重的感覺,鮮明的用色也讓人印象深刻

> 請將重點放在塞尚畫作中的「關係」。以中央的蘋果為例,透過蘋果隔開的布、鋪在蘋果下面的布、周圍的布觀察,蘋果與布之間的關係均以不同的筆觸呈現。

拾穗/
尚－法蘭斯瓦‧米勒

米勒於1857年繪製的油彩名作。撿拾麥穗和麥桿的身影充滿了鄉愁韻味,彰顯出對現代都市社會的反動

跳舞的珍‧阿弗莉
/羅特列克

描繪19世紀末紅磨坊明星的油彩畫。鮮艷綠色的用色與充滿動態感的腿部描繪是鑑賞重點

奧維的教堂/
文森‧梵谷

罹患精神疾病的梵谷為了療養而來到奧維,畫中即是村中的教堂,這也是他晚期的作品,在生命最後留下了這幅「鈷藍天空下染成一片紫色的教堂」

睡蓮/克勞德‧莫內

於諾曼第地區的吉維尼畫室所完成的作品。描繪出映照在水面的陽光、搖曳的睡蓮葉片以及色彩鮮豔的睡蓮花,相當出色。

> 莫內的特色在於陰影部份的美感,將原本「陰影」即「黑色」的概念轉換成「色彩」。這幅畫的篇幅相當大,從中找出自己最愛的部份也是欣賞時的樂趣之一。

還有還有!
山口晃的推薦作品

塞尚的『紅色岩石』在巨岩上方,將風景極其自然地融為一體,不禁讓人聯想到雪舟的「秋冬山水圖」。

紅色岩石
/保羅‧塞尚

| Tour Eiffel Passy | Champs-Élysées | Opéra Louvre | Les Châtelet La Cité | Marais Bastille | St-Germain Q. Latin | Montparnasse | Monmartre |

121

還有還有！ 藝術之都巴黎的美術館
個性洋溢的展覽深具魅力
依主題別參訪美術館

吸引藝術家駐留的巴黎，有許多可探索大師足跡的美術館。針對特定時代或畫家的美術館設施
就算不是藝術迷也很值得參訪，由於館內規模不大，能輕鬆自在地參觀也是箇中魅力。

拉丁區 | 別冊① MAP P11C4

克呂尼中世紀博物館
Musée National du Moyen Âge

『貴婦人與獨角獸』的掛毯畫絕不容錯過

位於拉丁區的中心地帶、聖日耳曼大道上的美
術館。利用3世紀左右的建築遺址，展示中世紀
的室內擺飾用品等。由6幅所構成的『貴婦人與
獨角獸』掛毯很值得一看。

DATA 交M10號線CLUNY-LA SOR
BONNE站步行1分 住6, Pl. Paul
Painlevé 5e ☎01 53 73 78 16
時9時15分〜17時45分 休週二
料€8(每月第1週日免費) ※可使用巴
黎博物館通行證(PMP→P9) E

1.彷彿遠離塵囂般的靜謐空間 2.精
緻圖案讓人驚豔的
『貴婦人與獨角獸』

香榭麗舍 | 別冊① MAP P5C2

雅咅瑪安德樂博物館
Musée Jacquemart-André

陳列在巴黎屈指可數華麗宅邸內的藝術作品

將第二帝政時代安德樂夫妻所建造的宅邸做為美
術館使用。收藏品涵蓋義大利文藝復興美術到18
世紀的法國繪畫，以及路易十四的家具。當時的
餐廳現在則做為對外營業的茶點沙龍(→P102)。

©C.Recour

©C.Recoura

DATA 交M9·13號線MIROME
SNIL站步行5分 住158, Bl.
Haussemann 8e ☎01 45 62
11 59 時10〜18時(週一
〜六〜21時) 休無休 料€12 E

1.難以想像原本是私人所有的豪華宅邸
2.館內的特色為依照不同用途而精心設計的別緻空間

帕西 | 別冊① MAP P8B1

巴黎市立現代美術館
Musée d'Art Moderne de la
Ville de Paris

20世紀的現代藝術作品豐富

收藏約8000件20世紀代表藝術家的作品，有
馬諦斯的『舞蹈』、杜菲的『電的精靈』、德
洛涅的『Rythme n°1』等，常設展可免費參
觀，也時常會舉辦知名藝術家的特展。

DATA 交M9號線IÉNA站步行5分
住11 Ave. du Président Wilson 16e
☎01 53 67 40 00 時10〜18時(週
四〜22時) ※售票至閉展前45分 休
週一 料免費(特展另外收費)

1.位於東京宮的東
側 2.杜菲的壁畫
『電的精靈』是一
幅充滿奇想的傑作

©ADAGP, Paris, 2014
Photographe : Kleinefenn

帕西 | 別冊① MAP P16A2

瑪摩丹莫內美術館
Musée Marmottan Monet

莫內迷最嚮往的美術館

莫內作品收藏量世界第一的美術館。除了莫內兒
子所捐贈的65幅莫內作品外，還有尤特里羅和雷
諾瓦的畫作。『睡蓮』的系列作品以及後來成為
印象派名稱由來的『印象·日出』都是焦點。

DATA 交M9號線
LA MUETTE站步行
10分 住2, Rue
Louis Boilly 16e
☎01 44 96 50 33
時10〜18時(週四〜
20時) 休週一
料€11 E

地處布洛涅森林附近
閑靜住宅區內的美術
館

小小資訊 羅丹的學生安托萬·布爾代勒是20世紀最具代表性的雕刻家，將其工作室保存下來直接規劃成美術館
(別冊①MAP● P14A2)，館內有許多充滿躍動感的作品，除了雕刻外還展示了多幅素描和繪畫。

浪漫生活博物館
Musée de la Vie Romantique
蒙馬特　別冊① MAP P6B1

推動19世紀浪漫主義運動的工作室

可參觀蕭邦、德拉克洛瓦等活躍於19世紀的藝術家和文人雅士聚集的宅邸，還展示了名人相關的各項文物，其中又以女作家喬治・桑的作品最為豐富，並附設茶點沙龍。

©Mc D. Messina - Ville de Paris

DATA　交M2・12號線PIGALLE站步行3分　住16, Rue Chaptal 9e　☎01 55 31 95 67　時10~18時　休週一　料免費・特展€4.50~7.50

前身是浪漫派藝術家熱烈討論藝術的工作室

德拉克洛瓦美術館
Musée National Eugène Delacroix
聖日耳曼德佩　別冊① MAP P21C2

象徵革命時代的德拉克洛瓦畫室

由浪漫主義代表畫家德拉克洛瓦晚年居住的宅邸所改成的美術館，館內陳列著小尺寸畫作以及實際使用過的家具等，還有『自由領導人民』等畫作的素描和習作。

DATA　交M4號線ST-GERMAIN-DES-PRÉS站步行3分　住6, Rue de Furstenberg 6e　☎01 44 41 86 50　時9時30分~17時　休週二　料€6　※可使用巴黎博物館通行證（PMP→P9）E

充滿畫家感性的空間

馬約爾美術館
Musée Maillol
聖日耳曼德佩　別冊① MAP P20A2

雕刻家馬約爾打造出曲線美的世界

1995年開館，收藏師承羅丹的法國雕刻家馬約爾的作品。除了帶有柔和、圓潤風格的雕刻外，高更、畢卡索等活躍於20世紀的大師作品也相當豐富。※2015年初起整修休館中

DATA　交M12號線RUE DU BAC站步行2分　住61, Rue de Grenelle 7e　☎01 42 22 59 58　時10時30分~19時（週五~21時30分）　休無休　料€11 E

展示馬諦斯、康丁斯基、杜象等領域廣泛的作品

羅丹博物館
Musée Rodin
艾菲爾鐵塔周邊　別冊① MAP P9D3

羅丹名作與美麗庭園的合奏曲

擁有廣大英式庭園相伴的宅邸，自1908年以來即為羅丹的居所，1919年成為博物館，室內外都展示著名作，還有畫家收藏的梵谷、雷諾瓦以及戀人兼學生的卡蜜兒・克勞戴作品。

DATA　交M13號線VARENNE站步行1分　住79, Rue de Varenne 7e　☎01 44 18 61 10　時10時~17時45分　休週一　料€9。僅參觀庭園€2　※可使用巴黎博物館通行證（PMP→P9）E

廣大的美麗庭園也深獲好評

古斯塔夫・莫侯美術館
Musée Gustave Moreau
歌劇院　別冊① MAP P6B1

連左拉也讚不絕口的畫家個人美術館

將19世紀人氣畫家莫侯的工作室和宅邸開放參觀的個人美術館，展示畫家所繪製的1萬4000多件繪畫作品。以獨特見解繪製歷史畫的風格，被小說家左拉命名為象徵主義。

DATA　交M12號線ST-GEORGES站步行5分　住14, Rue de la Rochefoucauld 9e　☎01 48 74 38 50　時10時~12時45分、14時~17時15分（週五~18時10時~17時15分）　休週二　料€6　※可使用巴黎博物館通行證（PMP→P9）E

於1903年做為美術館對外開放

蒙馬特達利空間
Espace Dali Montmartre
蒙馬特　別冊① MAP P25C3

宛如夢境般的超現實主義世界

收藏西班牙超現實主義畫家達利之作的美術館。展示有代表作「軟化的時鐘」以及素描等超過300件作品。

DATA　交M12號線ABBESSES站步行5分　住11, Rue Poulbot 18e　☎01 42 64 40 10　時10~18時（7~8月~20時）　休無休　料€11.5

位於從小丘廣場往南走的右側轉角處

追加行程　主題別美術館

Tour Eiffel / Passy　Champs-Élysées　Opéra / Louvre　Les Châtelet / La Cité　Marais / Bastille　St-Germain / Q. Latin　Montparnasse　Monmartre

123

山口晃的獨道見解！
法國最具代表性的藝術家與畫作

若能事先認識藝術家的風格和繪畫流派、培養鑑賞能力，就能讓巴黎的藝術之旅變得更加有趣。
以下是畫家山口晃針對各畫家特色的解說。

保羅・塞尚
Paul Cézanne 〔1839～1906年〕

在皮沙羅的影響下開始走向印象派的世界，卻又脫離莫內、雷諾瓦等印象派的團體，致力於樹立運用幾何圖案設計的獨特手法，對後來的立體派等20世紀繪畫都有所影響，也因此被稱為「現代繪畫之父」。

『瓦茲河畔的房子』 La Maison du Pendu, Auvers-Sur-Oise
奧賽博物館（→P120）

🎨 山口晃的小解說

塞尚是一位致力於研究普桑、體現空間概念的畫家，從生涯中期後，得以描繪出彷彿觸手可及的鞏固繪畫空間。特別推薦風景畫等不過度修飾的作品。

＼ 巴黎必看的 ／
名作！

『藍色花瓶』 Le Vase Bleu
奧賽博物館（→P120）

『蘋果與柳橙』
Pommes et Oranges
奧賽博物館（→P120）

『紅色岩石』 Le Rocher Rouge
橘園美術館（→P120）

印象派的代表畫家，擅於捕捉光影與色彩的變化等稍縱即逝的自然印象。20歲左右就以畫家身分展開活動，與皮沙羅和雷諾瓦之間也有所交流。代表作『睡蓮』為晚年的作品，總共繪製了200多幅。

克勞德・莫內
Claude Monet 〔1840～1926年〕

🎨 山口晃的小解說
莫內在增添陰影時，會使用黑色以外的多種顏色來處理。雖然莫內有時未能捕捉住描繪對象的型態，但忽略這些小細節，才能繪製出光線流動的畫作。

『睡蓮』Le cycle des Nymphéas 橘園美術館（→P120）

巴黎必看的
名作！

『乾草堆』 Meules 奧賽博物館（→P120）
『聖拉札爾車站』 La gare Saint-Lazare 奧賽博物館（→P120）
『印象・日出』 Impression, Soleil Levant 瑪摩丹莫內美術館（→P122）

畫家	Profile	巴黎必看的名作！
歐仁・德拉克洛瓦 Eugene Delacroix 〔1798～1863年〕	浪漫主義的代表畫家，也曾經手巴黎市政廳等大型建築的裝飾工程。	『鋼琴家蕭邦』 Frédéric Chopin 『自由領導人民』 La Liberté guidant le people 羅浮宮博物館（→P116）
尚一法蘭斯瓦・米勒 Jean-François Millet 〔1814～75年〕	出身諾曼第地方的畫家。住在巴黎近郊的巴比松，擅長描繪農民的生活。	『晚禱』 L'Angélus 『拾穗』 Des Glaneuses 『春』 Le Printemps 奧賽博物館（→P120）
愛德華・馬內 Édouard Manet 〔1832～83年〕	與印象派的畫家來往密切，也留有受到浮世繪影響的畫作。	『草地上的午餐』 Le Déjeuner sur l'herbe 『吹笛少年』 Le fifre 『奧林匹亞』 Olympia 奧賽博物館（→P120）
保羅・高更 Paul Gauguin 〔1848～1903年〕	後期印象派的代表畫家，樹立了單純、平面化構圖的獨創畫風。	『沙灘上的大溪地女人』 Femmes de Tahiti 『快樂的人』 Arearea 『美女』 La Belle Angéle 奧賽博物館（→P120）

 小小知識

回溯羅浮宮博物館的歷史，其實這座建築物的前身為法王腓力二世的宮殿。1791年，在國民議會宣布將此做為「匯集學問與藝術等紀念性作品的地點」下，於1793年正式做為美術館開放。

繪畫流派Check！

藉由各個時代背景、畫家開創的表現手法，各式各樣的繪畫流派也因此誕生。

— 1400年代 — 1500年代 — 1600年代 — 1700年代 — 1800年代 — 1900年代 →

- 文藝復興
- 古典主義
- 洛可可
- 浪漫派
- 後印象派
- 巴洛克
- 新古典主義
- 印象派

［文藝復興］14～15世紀在義大利興起的古典藝術復甦運動。

［古典主義］受到古代希臘、羅馬文化的影響，形成一種調和的繪畫風格。

［新古典主義］重新探討古典主義，並與洛可可樣式的華麗風格做出明顯區隔。

［印象派］興起於19世紀後半，擅長運用光線的變化，以色彩豐富的作品居多。

［巴洛克］意為「變形的珍珠」，畫作多以強而有力的表現手法打動人心。

［洛可可］路易十五時代從宮廷開始流行起來的風格，畫風強調優雅、華麗。

［浪漫派］流行於法國、英國、德國，為對新古典主義的反動，畫風充滿浪漫的氣息。

［後印象派］指一方面受到印象派的影響、同時又抗拒其畫風的前衛畫家。

文森・梵谷
Vincent Van Gogh 〔1853～1890年〕

後期印象派的代表畫家。生於荷蘭，1886年移居巴黎後受到印象派和浮世繪的影響。短暫的畫家生涯幾乎都在法國度過，晚年住進精神病院後依然持續創作出色彩強烈、筆觸獨特的作品。

『自畫像』 Portrait de Lartiste
奧賽博物館（→P120）

🎨 山口晃的小解說

雖然梵谷被稱為「燃燒的靈魂」，若仔細觀察他的筆觸，便能看出他小心翼翼的上色痕跡。此外，他以筆觸來呈現出空間感的畫法也是一大特色。初期多為晦暗的畫作，移居巴黎後色彩也跟著豐富起來。

\巴黎必看的名作！/

『在阿爾的臥室』
La Chambre de Van Gogh à Arles 奧賽博物館（→P120）
『奧維的教堂』L'église d'Auvers-sur-Oise, vue du chevet
奧賽博物館（→P120）
『嘉舍醫生的畫像』Le Docteur Paul Gachet
奧賽博物館（→P120）

皮耶・奧古斯特・雷諾瓦
Pierre-Auguste Renoir 〔1841～1919年〕

印象派的代表畫家，以豐富的色彩描繪出中產階級人士的幸福日常風景。曾經鑽研古典繪畫，後期則出現大量以裸婦為題材的畫作。1898年左右開始，因罹患風濕病而坐著輪椅持續創作。

『彈琴少女』 Jeunes Filles au Piano
橘園美術館（→P120）

🎨 山口晃的小解說

雷諾瓦秉持著「正因為人生有難過的時候，才想藉由繪畫描繪出明亮的光景」這番理念很能引起共鳴。他的作品中有時分辨不出輪廓，這種大膽畫風也相當有趣。

\巴黎必看的名作！/

『煎餅磨坊的舞會』Bal du Moulin de la Galette
奧賽博物館（→P120）
『浴女』Les baigneuses
奧賽博物館（→P120）
『穿小丑衣的克勞德』Claude Renoir en Clown
橘園美術館（→P120）

畫家	Profile	巴黎必看的名作！
安利・圖魯斯・羅德列克 Henri de Toulouse-Lautrec 〔1864～1901年〕	畫作以紅磨坊等巴黎的夜生活為題材，受浮世繪影響的石版畫也很有名。	『跳舞的珍・阿弗莉』Jane Avril dansant 『朱絲汀』Justine Dieulh 奧賽博物館（→P120）
亞美迪歐・莫迪里亞尼 Amedeo Clemente Modigliani 〔1884～1920年〕	出身義大利的巴黎派畫家，以有著憂愁表情和長頸的肖像畫著稱。	『保羅紀庸的肖像』Paul Guillaume, Novo Pilota 『年輕的見習生』Le Jeune Apprenti 橘園美術館（→P120）
亨利・馬諦斯 Henri Matisse 〔1869～1954年〕	深受後印象派的影響，畫作色彩豐富，有「色彩魔術師」之稱。	『穿紅褲的宮女』Odalisque à la Culotte Rouge 橘園美術館（→P120） 『舞蹈』La Dance 巴黎市立現代美術館（→P122）
馬克・夏卡爾 Marc Chagall 〔1887～1985年〕	出身俄羅斯。作品多以妻子貝拉為主題，被稱為「愛的畫家」。	『巴黎歌劇院的圓頂壁畫』加尼葉歌劇院（→P21）『夢』Le Reve 巴黎市立現代美術館（→P122）『艾菲爾鐵塔前的新人』Les Mariés de la Tour Eiffel 龐畢度中心（→P74）

125

Tour Eiffel Champs- Opéra Les Châtelet Marais St-Germain Montparnasse Monmartre
Passy Élysées Louvre la Cité Bastille Q. Latin

享受華麗的舞台表演

陶醉在巴黎的
迷人夜生活

能一窺象徵美好年代的時尚華麗社交界，也是遊巴黎的醍醐味。
親身體驗和白天截然不同風情的華麗夜晚。

©Moulin Rouge®-S,Franzese

1.儼然成為法國康康舞的華麗代名詞　2.一場歌舞秀中會換裝好幾次　3.這裡也是電影《紅磨坊》的故事背景　4.以紅色風車為造形的歌劇院蛋糕「Moulin Rouge」　5.可容納850人的豪華店內

©Moulin Rouge®-S, Franzese

©Moulin Rouge®-S,Franzese

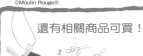

能品嘗到 David Le Quellec 的料理！

©Moulin Rouge®

●蒙馬特

夜總會　別冊① MAP P24A3　**紅磨坊**
Moulin Rouge

美好年代的結晶『紅色風車』

1889年創業的法國康康舞發源地，目前上演的歌舞秀為『Féerie』（仙境），60位舞者的表演服裝共達1000套以上，特別製作的華麗服裝也是紅磨坊深具人氣的祕訣之一。表演時間1小時45分鐘。

- -

DATA　交M2號線BLANCHE站步行1分　住82, Bd. de Clichy 18e　☎01 53 09 82 82　時晚餐秀19時～、香檳秀21時～、23時～　休無休　料晚餐秀€190～、香檳秀€87～、無飲料€77～　E

還有相關商品可買！

1.吊飾€8
2.迴紋針€5

Boutique de Moulin Rouge

劇場附近設有商店，店內還能欣賞歌舞秀的DVD。

DATA　住11, Rue Lepic 18e　☎01 53 09 82 71　時9時30分～13時、14～19時30分（週日10～19時、週一14～19時30分）
休無休　別冊①MAP●P24A3　E

　小小知識　畫家羅特列克以繪製紅磨坊的海報而聞名，小時候因雙腿骨折而腿部停止發育，也因此，對舞者和妓女的生活產生共鳴，創作出瀰漫頹廢氛圍、獨特色彩的風俗畫。

●香榭麗舍

別冊① MAP P4B4

夜總會

瘋馬秀
Crazy Horse

女性也不禁喝采的人體藝術

1951年創業,為巴黎最前衛的夜總會。由世界各國的頂尖舞者帶來舞蹈、歌曲等精彩的表演秀,使觀眾陶醉不已,美麗性感的上空歌舞秀更是不可錯過。

DATA 交M9號線ALMA-MARCEAU站步行2分 住12, Av. George V 8e ☎01 47 23 32 32 時20時15分～、22時45分～(週六19時～、21時30分～、23時45分～) 休無休 料飲料秀€85(酒吧)、€125(座席)、€165(座席・附點心)

1.感受女性軀體之美
2.每天都是座無虛席

●香榭麗舍

別冊① MAP P4B3

夜總會

麗都
Lido

場面盛大令人驚嘆的歌舞秀

妝點著美艷舞者的華麗服裝、豪華壯觀的舞台布置,堪稱巴黎最具話題性的表演秀。欣賞名為「The Bluebell Girls」的性感舞者所帶來的艷舞和魔術表演。

DATA 交M1號線GEORGE V站步行1分 住116, Av. des Champs-Elysées 8e ☎01 40 76 56 10 時晚餐秀19時～,香檳秀21時～、23時～ 休無休 料晚餐秀€160～,香檳秀21時～為€110、23時～為€100
※從2015年4月2日起,推出全新表演「PARIS MERVEILLES」

●聖馬丁運河

別冊① MAP P17A3

夜總會

Mugler Follies

由Thierry Mugler親手打造的歌舞秀

2013年12月開幕。由活躍於時尚界、攝影等多方領域的設計師Thierry Mugler發揮多元才能,打造出獨創性十足的嶄新歌舞表演。

交M4・8・9號線STRASBOURG ST-DENIS站步行1分 住4, bd de Strasbourg 時晚餐秀17時15分～,香檳秀20時～,僅表演秀20時20分～ 休週一・二(無早午餐的週日) 料僅表演秀€56～,香檳秀€99 晚餐秀8158 ※自3月28日暫停演出

1.演員陣容也極具話題性
2.運用聲光效果的精彩表演

©MTML/Manfred T. Mugler　©MTML/Manfred T. Mugler

---

and more...

在巴黎觀賞歌劇♪

購票方式

歌劇院的公演期間為9月下旬～6月下旬。

可透過CLASSICTIC(http://www.classictic.com/zh/)事先訂購歐美的歌劇、音樂會等表演會的門票,或是直接上巴黎國家歌劇院的官方網站預約、購票。

URL http://www.operadeparis.fr/en/

觀賞時的注意事項

雖然沒有著裝規定,但最好還是依照表演場地選擇合宜的裝扮。若超過開演時間則需等到幕間休息才能進場,務必留意。由於有時表演結束已將近深夜24時,若時間充裕,請在觀賞前先行用餐,回程如果時間太晚就搭乘計程車吧。

在這裡觀賞歌劇!

●巴士底

劇院

別冊① MAP P12B4

巴士底歌劇院
Opéra Bastille

活用高科技設備的劇場

為了慶祝法國大革命200周年,由前總統密特朗下令興建的歌劇院。1989年7月13日落成,首場演出為白遼士的歌劇『特洛伊人』。這座玻璃帷幕的現代主義風格建築物由地上7層、地下6層構成,共有2700個座位。

DATA 交M1・5・8號線BASTILLE站步行1分 住Pl. de la Bastille 12e ☎08 92 89 90 90 ※參觀☎01 40 01 19 70 料€5～195 ※依劇目、種類而異 E

可供參觀劇場的參加導覽行程(€12,詳情請電話確認)

●歌劇院

劇院

別冊① MAP P19C1

加尼葉歌劇院
Opéra Garnier

DATA →P21

Tour Eiffel Passy | Champs-Élysées | Opéra Louvre | Les Châtelet La Cité | Marais Bastille | St-Germain Q. Latin | Montparnasse | Monmartre

127

巡訪以巴黎為背景的電影拍攝地

巴黎的美麗街景不只侷限於法國，還躍上了世界電影的舞台。
以下將介紹《艾蜜莉的異想世界》等能走進電影世界的著名取景地。

從紅磨坊旁的斜坡往上走即可看見

艾蜜莉的異想世界
Le Fabuleux Destin d'Amélie Poulain

艾蜜莉從小內向又愛幻想，在咖啡館工作
的她，以營造小小的惡作劇來撮合他人的
幸福為樂。有天，她愛上了一名叫做尼諾
的青年，她的世界觀也就此改變，最後終
於找到屬於自己的幸福。

 拍攝地Check！

雙磨坊咖啡館
●Café des Deux Moulins
蒙馬特　別冊①MAP●P24A3
劇中艾蜜莉工作的咖啡館。繽紛、復古的裝潢
還保留著電影中的氛圍，現在仍然吸引世界各
地的影迷前來朝聖。　DATA　交M2號線
BLANCHE站步行3分　住15 Rue Lepic 18e
☎01 42 54 90 50　時7時30分～翌日1時30
分　休無休

艾蜜莉最愛吃的
焦糖烤布蕾€7

在劇中自昏暗光線中浮現的
騎馬像一景，營造出奇幻的
視覺效果

巴黎我愛你
Paris, je t'aime

以巴黎18區為主題，由來自多國的知名
導演各自帶來每段5分鐘的短篇集錦電
影。在第9段的「勝利廣場」中，來自
日本的諏訪敦彥導演，拍出一段因失去
愛子而悲傷不已的母親故事。

 拍攝地Check！

勝利廣場
●Place des Victoires
歌劇院　別冊①MAP●P7C4

位於巴黎皇家宮殿庭園的東側，中央立有路易
十四的騎馬像。在母親因思念愛子而痛哭的開場
畫面中，從小孩的房間就能望見騎馬像。
DATA　交M3號線BOURSE站步行5分

 除此之外還有多部以巴黎為拍攝地的電影，有取景羅浮宮博物館（→P116）和聖修爾皮斯教堂（→P80）的《達文西密碼》以及《穿著PRADA的惡魔》、《神鬼認證》等，前往巴黎前先看看這些電影吧。

法國新浪潮名作的外景拍攝地

1950年代後期，法國發起了電影新浪潮運動。年輕的電影人否定古典文藝式的劇本和佈景，強調將街頭整體做為戶外取景地，藉此引出演員的自然演技，為電影注入了全新格局，右列即為法國新浪潮的代表作。

《斷了氣》

主角與美國女友珍蒂西雅漫步在香榭麗舍大道（→P68）的畫面，讓人印象深刻。
1959年製作／導演：高達

《四百擊》

聖心堂（→P22）是片中主角與好友一起玩耍的地點之一，該片為導演的自傳式作品。
1959年製作／導演：楚浮

《地下鐵的莎琪》

以因罷工運動而地鐵停駛的巴黎為背景，小女孩莎琪在街頭到處瞎逛，大鹿拱廊街（別冊①MAP●P11D1）也是場景之一。1960年製作／導演：路易·馬盧

愛在日落巴黎時
Before Sunset

劇情描述多年後與無法忘懷的情人再度重逢。9年前在維也納共度一晚的戀人，在巴黎再次偶然相遇。在85分鐘長的篇幅中，藉由兩人共同度過的時光，逐步刻劃出各自在價值觀、人生觀、男女戀愛觀上的相異。

促使兩人奇蹟似重逢的書店

 拍攝地Check！

莎士比亞書店

●Shakespeare and Company／拉丁區／別冊①MAP●P11D4

主要販售英國文學書籍的書店，在電影中是開新書座談會的傑西與席琳相隔9年再度重逢的命運之地。 DATA 交M4號線ST-MICHEL站步行4分 住37, Rue Bûcherie 5e ☎01 43 25 40 93 時10～23時（週六·日11時～） 休無休 Ｅ

瀰漫歷史情懷的店內，彷彿和主角回到文豪聚集的年代

 拍攝地Check！

Deyrolle

聖日耳曼德佩／別冊①MAP●P20A1

1831年創業的標本老店。愛上畢卡索戀人亞瑞安娜的吉爾，與亞瑞安娜再度相逢的派對會場就在這裡。

午夜·巴黎
Midnight in Paris

暢銷電影編劇吉爾與未婚妻來到鍾愛的巴黎旅行，某晚他獨自在街頭散步，突然時光倒流回到了1920年代的巴黎。米自伍迪·艾倫導演的電影，獲頒2012年奧斯卡金像獎最佳原創劇本。

DATA 交M12號線RUE DUBAC站步行2分 住46, Rue du Bac 7e ☎01 42 22 32 21 時10～19時（週一10～13時、14～19時） 休週日 Ｅ

探訪代表法國建築界三大巨匠的建築

建築作品若不親臨現場就無緣欣賞，既然都專程來到巴黎，
當然不可錯過柯比意及其他法國偉大建築師所留下的藝術之作。

艾克特‧吉瑪赫
Hector Guimard

PROFILE 1867～1942年，新藝術運動建築的代表人物。雖然經手過車站內部和住宅等眾多採用嶄新手法的建築物，但在作風保守的當時並沒有獲得應得的評價。

也常出現在電影的場景中

帕西　別冊① MAP P16B3

比爾‧阿肯橋
Pont de Bir-Hakeim

塞納河上連結15區和16區的橋樑

以馬路和地鐵軌道構成的罕見雙層鐵橋。位於地鐵6號線BIR-HAKEIM站和PASSY站之間。橋樑本身便深富藝術性，邊走還能邊斜眺美麗的艾菲爾鐵塔，風景宜人。

DATA 交M6號線BIR-HAKEIM站步行1分

帕西　別冊① MAP P16A4

貝宏杰公寓
Castel Béranger

巴黎第一棟新藝術運動建築

座落在16區的噴泉街上，為吉瑪赫在28歲時所設計的公寓。6層樓建築，可住36戶，吉瑪赫本人也曾居住於此。雖然並未對外開放，但建築物內部同樣由吉瑪赫親自設計。

以左右不對稱的鐵門為特色

DATA 交M9號線JASMIN站步行10分 住14, Rue la Fontaine 16e

柯比意
Le Corbusier

PROFILE 1887～1965年，主導20世紀現代建築發展的建築家。設計出兼具機能與美感的建築物與椅子等作品，也有不少建築迷為了欣賞他所遺留下來的作品而造訪法國。

帕西　別冊① MAP P2A3

拉侯什公寓
（現為柯比意基金會）
Maison La Roche

銀行家兼美術收藏家拉侯什的宅邸

Le Corbusier Maison La Roche, Paris Photo：Olivier Martin-Gambier ©FLC/ADAGP

建築物目前做為柯比意基金會的本部所使用。可參觀柯比意的相關資料與他的繪畫、設計的椅子等家具，以及拉侯什收藏的藝術作品。

探雙世代住宅的設計

DATA 交M9號線JASMIN站步行5分 住10, Sq. du Docteur Blanche 16e ☎01 42 88 75 72 時10～18時（週一為13時30分～） 休週日 料€8 E

巴黎西部　別冊① MAP P2A3

柯比意公寓與工作室
Apartment-Atelier de Le Corbusier

柯比意理想中的機能生活

Le Corbusier Immeuble Molitor, 24 rue Nungesser et Coli, Paris Photo：Olivier Martin-Gambier ©FLC/ADAGP

1930年代初，建於16區的柯比意工作室兼公寓。空間設計從寢室到廚房、收納等的機能性和生活動線都經過縝密的計算。

時至今日依舊給人摩登印象的裝潢

DATA 交M9‧10號線MICHEL-ANGE-MOLITOR站步行10分 住24, Rue Nungesser et Coli 16e ☎01 42 88 75 72 時10～13時、13時30分～17時 休週一～五、週日 料€8 E

小小資訊　日本也有一座由柯比意所設計的建築作品　日本國立西洋美術館，就位在東京上野恩賜公園內。當時是在要求法國歸還藝術品的契機下，委託柯比意設計出與作品相襯的美術館。

尚·努維爾 Jean Nouvel

PROFILE 1945年～，以設計阿拉伯文化中心而嶄露頭角的法國建築師。建築作品擅長運用玻璃結構的特色，以利用玻璃等素材與光的關係，藉由光的反射與穿透，讓建築物產生消失錯覺的「透明建築」居多。

拉丁區 別冊① MAP P12A4

阿拉伯文化中心
Institut du Monde Arabe

佈滿阿拉伯式花紋的壯麗建築

由努維爾與Architecture Studio攜手打造，融合阿拉伯文化和西洋文化設計樣式的大樓。外牆的阿拉伯式花紋與相機內部的光圈構造相同，能自動調節外面的光線。

©Jean Nouvel Photo：Georges Fessy
佈滿幾何圖形的外觀

DATA 交M7·10號線JUSSIEU站步行5分 住1, Rue des Fossés St-Bernard 5e ☎01 40 51 38 38 時10～18時(週五～21時30分，週六日～19時) 休週一、伊斯蘭教節日 料入館免費，常設展入場€8 ※可使用巴黎博物館通行證(PMP→P9)

蒙帕納斯 別冊① MAP P14B3

卡地亞當代藝術基金會
Fondation Cartier pour l'Art Contemporain

卡地亞為現代美術而打造的藝術空間

©Jean Nouvel Photo：Philippe Ruault
座落於哈斯拜爾大道上

珠寶品牌卡地亞為了推廣現代藝術所興建的美術館，建築物以整面的玻璃牆覆蓋，藉此與建築周圍的樹木合而為一，可以從玻璃外牆見館內的展示、燈光，極具美感。

DATA 交M4·6號線RASPAIL站步行2分 住261, Bd. Raspail 14e ☎01 42 18 56 50 時11～20時(週二～22時) 休週一 料€10.50 E

艾菲爾鐵塔周邊 別冊① MAP P8B2

龐麗碼頭博物館
Musée du quai Branly

隨著植物生長更迭樣貌的博物館

展示非洲等歐洲以外民族文化的博物館。由植物學家Patrick Blanc栽種的青苔和蕨類植物環繞的外牆稱為「會呼吸的牆」。隨著植物成長而相互輝映的庭園也值得造訪。

©philippe Ruault
設計主旨為能融入景觀的建築

DATA 交M9號線ALMA MARCEAU站步行8分 住37, Quai Branly 7e☎01 56 61 70 00 時11～19時(週四～六為～21時) 休週一 料€9～(依展示內容而異) ※可使用巴黎博物館通行證(PMP→P9) E

Check!

充滿藝術氣息的地鐵站

巴黎的地鐵與艾菲爾鐵塔興建於同一時期，當時是為了配合巴黎萬國博覽會而開通營運。車站的入口處，是由當時打造出當時下最流行的新藝術運動建築師吉瑪赫所設計。吉瑪赫設計的地鐵車站目前現存的有PORTE DAUPHINE站和ABBESSES站。在此之後，車站內部也開始妝點起能相襯各街區特色的裝飾設計。舉例來說，離羅丹博物館最近的VARENNE站就展示有羅丹的作品。此外，還有模仿潛水艇內部的獨特造型車站。

PORTE DAUPHINE站

吉瑪赫以綠色為基調的設計，呈現出不破壞周圍景觀的和諧感

別冊①MAP●P2A2

ABBESSES站

同樣也是來自吉瑪赫的作品，為擁有約100年歷史的新藝術運動風格

別冊①MAP●P24B3

ARTS ET MÉTIERS站內部

大量使用金屬材質的車站內部，以潛水艇為藍本所建

別冊①MAP●P17A4

PALAIS ROYAL MUSÉE DU LOUVRE站

當陽光照射就會如寶石般閃爍的車站入口，為紀念地鐵100周年時的作品

別冊①MAP●P10B1

從設計師精心打造到個性派五花八門

尋找「中意」的巴黎熱門小型飯店

既然都專程來到巴黎，當然要住住有個性十足的小型飯店。
不妨從優雅的裝潢、近未來設計的各式房間中，挑出最符合自己理想的小型飯店吧。

舒適的時髦空間

歌劇院 | 別冊① MAP P18B1

Hôtel Chavanel

成熟時尚的設計風格

2013年8月才重新整修開幕的小型飯店。採用蕾絲和喀什米爾羊毛等講究素材，搭配設計家具的時尚裝潢搏得好評。提供有機食材的歐陸早餐€20也非常受到房客支持。

DATA 交M 8·12·14號線MADELEINE站步行3分 住22 Rue Tronchet 8e ☎01 47 42 26 14 料標準客房€280～ 27室 E

1.色調明亮的套房
2.裝潢出自兩位女建築之手 3.以白色為基調的淋浴 4.擺設著設計家具的大廳

非常受歡迎的粉紅色寢飾♪

瑪黑區 | 別冊① MAP P13C1

Hôtel Fabric

由工廠改裝而成的創意空間

舊紡織工廠改建而成的四星級飯店，以巴黎極受歡迎的工業風打造，搭配設計高雅的寢具，營造出充滿魅力的藝術空間。館內還有免費租借iPad的服務。

DATA 交M 9號線ST-AMBROISE站步行3分 住31 Rue de la Folie Mericourt 11e ☎01 43 57 27 00 料標準客房€184～ 33室 E F

1.特別客房 2.位於藝術家聚集的老街地區 3.連公共空間也很有個性 4.最頂樓的豪華樓中樓套房

拉丁區 別冊① MAP P15C3 Hôtel Seven Paris

近未來風格的設計空間

以奇妙的空間設計廣受歡迎的四星級設計飯店。套房有「Marie Antoinette」、「Close to the stars」等7種佈置主題，相當受觀光客喜愛，每種設計各具有不同風味。

DATA 交M7號線LES GOBELINS站步行8分
住20, Rue Berthollet 5e
☎01 43 31 47 52
料Absolute Levitation Room€167～ 35室 E

Marie Antoinette套房

> 體驗當公主的感覺♪

瑪黑區 別冊① MAP P23C1 Hôtel du Petit Moulin

以瑪黑區為設計概念的飯店

由被列入文化財的17世紀麵包店改裝而成的飯店。在Christian Lacroix設計的飯店內，取自瑪黑區印象的壁畫、獨到的室內設計皆深具魅力，同時也深受全球時尚人士的愛戴。

DATA 交M8號線ST-SÉBASTIEN-FROISSART站步行6分 住29/31, Rue du Poitou 3e ☎01 42 74 10 10 料行政房€215～ 17室 E

風格前衛的裝潢

> Christian Lacroix的設計

巴士底 別冊① MAP P13D3 Hi Matic Logis Écologigue & Urbain

備受矚目的環保＆高科技客房

2011年開幕的環保飯店，相當受歡迎。有24小時對應的自動櫃台機可辦理入住手續等，採全面性的自助式服務。客房內採用系統家具，據說靈感來自日本旅館。

DATA 交M9號線CHARONNE站步行5分
住71, Ruede Charonne 11e ☎01 43 67 56 56
料View Cabane€129～ 42室 E

床墊收起來就成了客廳

> 以環保、經濟為設計理念！

羅浮宮周邊 別冊① MAP P11C1 Hôtel Le Crayon

以波希米亞風為主題！

全部採用1950～70年代的家具，營造出宛如置身於巴黎人家般氛圍的飯店。每間客房的設計都各異其趣，標準客房的色調繽紛，頂樓的套房則是特別規劃的藝術空間。

DATA 交M1號線LOUVRE-RIVOLI站步行5分
住25, Rue du Bouloi 1er
☎01 42 36 54 19
料Insolites客房€113～ 26室 E

充滿年代感的家具很有韻味

> 波希米亞風格的時髦空間

聖日耳曼德佩 別冊① MAP P21D3 Hôtel Odéon Saint Germain

成熟品味、沉穩內斂的裝飾風格

由巴黎當地建築師Jacques Garcia擔綱設計的四星級飯店。利用16世紀建築物特有的石牆和樑柱等特色，將古典與現代融為一體。盥洗用品採用歐舒丹的產品。

DATA 交M4‧10號線ODÉON站步行3分
住13, Rue St-Sulpice 6e
☎01 43 25 70 11
料豪華雙人客房€174～ 27室 E

散發沉穩氛圍的房間

> Jacques Garcia的設計

聖日耳曼德佩 別冊① MAP P20B4 Hotel de l' Abbaye

浪漫又可愛的小型飯店

地處盧森堡公園和蒙帕納斯之間的隱密飯店。由建築師Michel Boyer設計的客房兼具流行與傳統韻味，能感受到巴黎特有的溫度。

DATA 交M4號線ST-SULPICE站步行3分
住10, Rue Cassette 6e
☎01 45 44 38 11 料雅緻客房€270～ 44室 E

也可在客房內享用早餐

> 舒適的私人小天地

住宿 小型飯店

Tour Eiffel | Champs | Opéra | Les Châtelet | Marais | St-Germain | Montparnasse | Monmartre
Passy | Élysées | Louvre | La Cité | Bastille | Q. Latin | |

133

巴黎市中心的飯店清單

巴黎的飯店種類豐富，從豪華飯店到經濟飯店任你選擇。
依照旅遊的目地和預算，選擇合平個人需求的下榻地點。

香榭麗舍

別冊①
MAP
P4B2

巴黎萊佛士
皇家蒙梭酒店

Le Royal Monceau Raffles Paris

沉浸在Philippe Starck的奢華世界

2010年由設計師Philippe Starck全面改裝而成的豪華飯店，館內設有深具設計感的23米游泳池、克蘭詩SPA等奢華設施，此外，飯店內所有甜點皆由Pierre Marcolini提供，連細微之處都讓人深深感受到款待的心意。

DATA　交M1・2・6號線CHARLES DE GAULLE-ÉTOILE站步行5分　住37, Av. Hoche 8e　☎01 42 99 88 00
料Studio Room€750　149室　　　E R P F

2

1.客房家具也是出自
Philippe Starck的設計
2.離凱旋門僅咫尺之遙

1

聖多諾黑街

別冊①
MAP
P18B3

巴黎文華東方酒店

Mandarin Oriental Paris

地處購物方便的聖多諾黑街

2011年開幕的國際連鎖飯店，客房面積在巴黎市內飯店中算是數一數二的寬敞，並以法國風佐東方格調的裝飾，營造出獨特的空間品味。飯店內的設施齊全，還能在綠意盎然的中庭用餐。

DATA　交M1・8・12號線CONCORDE站步行7分　住251, Rue St-Honoré 1er　☎01 70 98 78 88
料高級客房€745　138室　　　E R P F

1.裝潢採用亞洲風格的客房
2.造型別緻的外觀

1

帕西

別冊①
MAP
P8A1

巴黎香格里拉大酒店

Shangri-La Hôtel Paris

於波拿馬王子的宅邸度過優雅時光

由19世紀的貴族宮殿翻修而成的飯店。館內有自然光灑落的明亮大廳等，打造出一片融合巴黎優雅氣質與亞洲風味的寬廣空間，客房內的盥洗用品為寶格麗的原創製品。設有15米的游泳池。

DATA　交M9號線IÉNA站步行2分　住10, Av. d'Iéna 16e
☎01 53 67 19 98　料高級客房€750　138室　　　E R P F

1.採用藍色和米黃色的沉穩裝潢　2.從19世紀保留至今的鑄鐵大門

歌劇院

別冊①
MAP
P19C1

巴黎歌劇院W酒店

W Paris Opéra

源自紐約的設計師飯店

以都會設計風格和舒適空間廣受好評的「W Brand」於2012年進軍巴黎。利用1870年代的建築物，在保留圓形天花板等古老樣式的同時，也加入了都會時尚的設計感。名為W Bed的特製床鋪睡起來也相當舒適。

DATA　交M7・9號線CHAUSSÉE D'ANTIN-LA FAYETTE站步行2分　住4, Rue Meyerbeer 9e　☎01 77 48 94 94
料奇妙客房€400～　91室　　　E R F

1.讓人感受到設計玩心的客房　2.由歷史性建築物翻修而成

　[符號說明] E 英語OK、R 餐廳、P 游泳池、F 健身房

歌劇院　別冊① MAP P19C2

巴黎斯克里布索菲特酒店
Hôtel Scribe Paris

觀光景點交通便利

位於加尼葉歌劇院不遠處、購物和觀光都很方便的地點。飯店內設有餐廳和茶館，頂樓採收的蜂蜜也很適合買來當伴手禮。

DATA 交M3・7・8號線OPÉRA站步行2分 住1, Rue Scribe 9e ☎01 44 71 24 24 料豪華客房€328～ 213室

E R F

香樹麗舍　別冊① MAP P5D3

Hôtel Le Bristol Paris

美麗的飯店中庭也深獲好評

庭園綠意與白色外牆的對比帶來清新氣息，客房統一選用別致的裝潢風格，飯店內部的奢華程度堪稱超過五星級，更備有米其林三星餐廳。

DATA 交M9・13號線MIROMESNIL站步行3分 住112, Rue du Faubourg St-Honoré 8e ☎01 53 43 43 00 料豪華客房€830 188室

E R P F

歌劇院　別冊① MAP P19C2

巴黎洲際大酒店
Intercontinental Paris Le Grand

俗稱為「歌劇院的飯店」

緊鄰加尼葉歌劇院，建築物忠實重現了拿破崙帝政時期的美術樣式。典雅的歐風客房內備有Agraria的盥洗用品。

DATA 交M3・7・8號線OPÉRA站步行1分 住2, Rue Scribe 9e ☎01 40 07 32 32 料高級客房€362 470室

E R F

羅浮宮周邊　別冊① MAP P18B4

巴黎茉黎斯酒店
Le Meurice Paris

1817年創業，深受王公貴族喜愛

畫家達利過去也常下榻的飯店，客房佈置典雅、兼具機能性，衛浴間以大理石打造。由Alain Ducasse經營的餐廳（→P108）也蔚為話題。

DATA 交M1號線TUILERIES站步行1分 住228, Rue de Rivoli 1er ☎01 44 58 10 10 料經典客房€670 160室

E R F

香樹麗舍　別冊① MAP P4B3

Hôtel Fouquet's Barrière

鄰接老咖啡館的宮殿酒店

香樹麗舍大道上的地標性頂級飯店，內部裝潢燦爛奪目，提供私人管家等豐富的服務，可享受貴族般的奢華時光。

DATA 交M1號線GEORGE V站步行1分 住46, Av. George V 8e ☎01 40 69 60 00 料高級客房€820 81室

E R F

香樹麗舍　別冊① MAP P4B4

巴黎喬治五世四季酒店
Four Seasons Hôtel George V Paris

宛如走進皇宮的宮殿酒店

建於1928年，傳統宮殿樣式的宮殿酒店，客房以品味出眾的擺飾營造出高雅的空間，還設有米其林二星餐廳「Le Cinq」。

DATA 交M1號線GEORGE V站步行5分 住31, Av. George V 8e ☎01 49 52 70 00 料豪華客房€990～ 244室

E R P F

Tour Eiffel Passy | Champs-Élysées | Opéra Louvre | Les Châtelet La Cité | Marais Bastille | St-Germain Q. Latin | Montparnasse | Monmartre

135

別冊① MAP P5C4 **雅典娜廣場酒店**
Hôtel Plaza Athénée Paris

紅色遮陽棚十分搶眼的五星級飯店,館內更有Alain Ducasse
監製的餐廳為迪奧SPA旗艦店家進駐,引起不小話題。

DATA 交M9號線ALMA-MARCEAU站步行4分 住25, Av.
Montaigne 8e ☎01 53 67 66 65 料豪華客房 €695
146室 E R F

 別冊① MAP P19D1 **巴黎大使歌劇院
萬豪酒店**
Hôtel Paris Marriott Opéra Ambassador

位於巴黎市中心,不論觀光、購物、商務等目的都很方便的
地點。客房內的裝潢走裝飾藝術風格。

DATA 交M7·9號線CHAUSSÉE D'ANTIN-LA FAYETTE站
步行6分 住16, Bd. Haussmann 9e ☎01 44 83 40 40
料高級客房 €256～ 298室 E R F

 別冊① MAP P23D2 **瑪海花園酒店**
Les Jardins du Marais

備有庭園的精品飯店,好天氣時可邊眺望綠意邊用餐。客房
內設有大理石衛浴。

DATA 交M8號線ST-SÉBASTIEN-FROISSART站步行1分
住74, Rue Amelot 11e ☎01 40 21 20 00 料行政客房
€161 265室 E R F

 別冊① MAP P3D4 **巴黎中心貝西鉑爾曼酒店**
Hôtel Pullman Paris Centre-Bercy

位於巴黎東部帕西區的高級飯店,客房以咖啡色系為基調,
營造出一片溫暖氛圍。鄰近購物中心。

DATA 交M14號線COUR ST-ÉMILION站步行5分 住
1, Rue de Libourne 12e ☎01 44 67 34 00 料高級客
房 €229～ 396室 E R F

 別冊① MAP P21D2 **Relais Christine**

建築物本身為16世紀的修道院,經翻修後搖身一變為奢華飯
店,部分客房還附有獨立陽臺。

DATA 交M4·10號線ODÉON站步行6分 住3, Rue
Christine 6e ☎01 40 51 60 80 料高級客房 €390～
49室 E F

 別冊① MAP P16B4 **巴黎艾菲爾鐵塔
諾富特酒店**
Hôtel Novotel Paris Tour Eiffel

擁有眺望塞納河和艾菲爾鐵塔的絕佳視野,也備有可容納兩
名大人和兩名小孩的家庭房型。

DATA 交M10號線CHARLES MICHELS站步行8分 住61,
Quay de Grenelle 15e ☎01 40 50 20 00 料標準客房
€200～ 764室 E R P F

歌劇院 別冊① MAP P6A2 **巴黎歌劇院希爾頓酒店**
Hilton Paris Opera

大廳已被列為歷史建築物的宏偉飯店,提供Annick Goutal品
牌的盥洗用品,讓人愛不釋手。

DATA 交M3·12·13·14號線ST-LAZARE站步行1分
住108, Rue St-Lazare 8e ☎01 40 08 44 44 料高級客
房 €229～ 266室 E R

 別冊① MAP P10B1 **羅浮宮酒店**
Hôtel du Louvre A Hyatt hotel

1855年開業的法國第一家豪華飯店,位於離加尼葉歌劇院、
羅浮宮博物館步行只須2分的地點。

DATA 交M1·7號線PALAIS ROYAL-MUSÉE DU LOUVRE
站步行1分 住Pl. André Malraux 1er ☎01 4458 38 38
料高級客房 €194～ 177室 E R F

 別冊① MAP P17B4 **Crowne Plaza Paris
République**

位於共和廣場內,宛如豪華宅邸般的建築物。客房內以酒紅
色的寢飾營造出舒適的空間。

DATA 交M3·5·8·9·11號線RÉPUBLIQUE站步行1分
住10, Pl. de la République 11e ☎01 43 14 43 50
料標準客房 €164～ 328室 E R F

 別冊① MAP P21C1 **巴黎聖日耳曼戴普雷
俊友酒店**
Hôtel Bel-Ami

以法式摩登為主題所設計的隱密飯店,精緻小巧、機能性十
足的客房很受單獨旅行人士的青睞。

DATA 交M4號線ST-GERMAIN-DES-PRÉS站步行2分
住7/11, Rue St-Benoît 6e ☎01 42 61 53 53
料高級客房 €255～ 108室 E F

聖日耳曼德佩 別冊① MAP P21D1 **巴黎馨樂庭**
Citadines Prestige St-Germain-des-Prés Paris

提供微波爐和冰箱等客房設備的公寓型飯店,巴黎聖母院等
著名景點也都在步行範圍內。

DATA 交M4·10號線ODÉON站步行10分 住53, Ter, Quai
des Grands Augustins 6e ☎01 44 07 70 00 料尊爵客
房 €238～ 204室 E R

New Open & Renovation

宮殿酒店「巴黎麗池酒店」(Hôtel Ritz Paris／別冊
①MAP●P18B3)目前正進行改裝中。「克里雍大飯
店」(Hôtel de Crillon／別冊①MAP●P18A3)也同樣因
整修工程而暫停營業。另外,「巴黎半島酒店」(The
Peninsula Paris／別冊①MAP●P4A3)已於2014年8月
開幕。

［符號說明］ E 英語OK、R 餐廳、P 游泳池、F 健身房

體驗巴黎人的居住氛圍♪

想感受居住在花都的日常！
迷人的巴黎公寓式酒店

若停留3天以上，選擇可自炊和洗衣的公寓式酒店當然方便得多。
近幾年來，提供短期旅客住宿服務的公寓式酒店也逐漸增加中。

1.離羅浮宮博物館很近，還有景色迷人的陽臺 A　2.不僅在聖多諾黑區街附近，簡約的室內設計風格也相當吸引人 B　3.位於週日也很熱鬧的瑪黑區正中央 B　4.空間面積160㎡的豪華公寓式酒店，磊阿勒和北瑪黑區也近在咫尺 B

訂房看這邊

A Séjour à Paris

歌劇院／別冊①MAP●P19C2

提供日式的貼心服務

2004年開始營業，由日本人經營的公寓式酒店，目前約提供35間公寓可選擇，配置上多以廚房為中心，提供亞洲人習慣的生活環境，也備有完善的盥洗用品。

DATA 交M3・7・8號線OPÉRA站步行2分　住10, Rue de la Paix 2e　☎01 56 88 26 88　URL www.kurasutabi.net/　E

B Privates Homes

歌劇院／別冊①MAP●P7D4

豐富的選擇極具魅力

在巴黎和倫敦擁有多間附家具的公寓，不論是短期停留的旅客、想節省預算的學生，還是想享受一下的奢華派，都能在此找到適合的公寓。

DATA 交M3・4號線RÉAUMUR-SÉBASTOPOL站步行3分　住13, Rue St-Sauveur 2e　☎01 83 56 22 01　URL www.private-homes.com/　E

🛋 公寓式酒店利用Q & A

Q . 最好從國內帶去的物品？
A . 通常備有毛巾、烹調器具和吹風機等用品，調味料、洗潔劑則視公寓而定，可由國內攜帶或到當地再購買。

Q . 至少須住宿幾天才可訂房？
A . 基本上要3天以上。

Q . Check-in / Check-out 的受理時間和流程？
A . 原則上Check-in為15時、Check-out為12時，有些地方也會配合旅客抵達的時間辦理入住手續。退房方面，有些公寓管理員會親自出面，有些地方則採「自助式」，只須將鑰匙留在房內即可。

Q . 有提供盥洗用品嗎？
A . 依公寓而異，請事前洽詢。

Q . 會清掃和更換毛巾嗎？
A . 若為停留1個月以上的旅客，大多會提供隔週清掃1次及更換床單、補充盥洗用品的服務；若未滿1個月則只能採取付費服務的方式。

※詳細情形請洽各單位

Tour Eiffel Passy｜Champs-Élysées｜Opéra Louvre｜Les Châtelet La Cité｜Marais Bastille｜St-Germain Q. Latin｜Montparnasse｜Monmartre

137

旅遊資訊

法國出入境的流程

入境法國

1 抵達 Arrival/Arrivée

從台灣飛巴黎的班機均降落在戴高樂機場,抵達後請依循「Arrival / Arrivée」的標識,前往入境審查的櫃台。

2 入境審查 Immigration/Contrôle des Passeports ▶▶▶

到持有非歐盟國家護照的「Tous Passports (All passports)」櫃檯排隊等候。輪到自己時向海關人員出示護照,有時對方會以英語詢問旅行目的、停留天數及住宿地點等問題。護照蓋上入境章後,即完成入境審查。另外,若由其他申根公約國入境法國就不需要再進行入境審查。

3 領取行李 Baggage Claim/Livraison des Bagages

從電子螢幕確認自己航班的行李轉盤號碼後,前往行李領取區等候領取托運行李。萬一行李遺失或毀損,可持托運行李時的存根Claim Tag向航空公司申訴。

4 海關 Customs/Douane ▶▶▶▶▶▶▶

若於免稅範圍內,就走不需要申報「Rien à Déclarer」(綠色燈誌)的通道離開。若超過免稅範圍,請填妥機內發放的海關申報表Déclaration en Douane,走需申報「Objets à Déclarer」(紅色燈誌)的通道並依規定繳交稅款。

5 入境大廳 Arrivals Level/Niveau Arrivées

設有旅客服務中心和兌幣所等。

●何謂申根公約

為歐洲部份國家之間所簽署的單一簽證協議,可自由通行於各申根公約會員國間的國境。從非申根會員國入境時,僅需於第一站抵達的申根會員國機場進行入境審查。返國時,也只需在最後一站的申根會員國進行出境審查。

○申根公約國(2015年6月時)
冰島、義大利、愛沙尼亞、奧地利、荷蘭、希臘、瑞士、瑞典、西班牙、斯洛伐克、斯洛維尼亞、捷克、丹麥、德國、挪威、匈牙利、芬蘭、法國、比利時、波蘭、葡萄牙、馬爾他、拉脫維亞、立陶宛、列支敦斯登、盧森堡

●入境法國時的限制

○主要免稅範圍
・酒類方面,葡萄酒4公升、酒精濃度22%以上的酒精飲料1公升或濃度22%以下2公升(17歲以上)
・香菸200支或雪茄50支、雪茄菸100支、菸絲250g以下(17歲以上)
・至於上述以外的攜帶物品,總額不得超過€430(空路入境者,未滿15歲不得超過€90)
・攜帶總額€1萬以上的現金、旅行支票等,不論入境、出境都必須申報

○主要違禁品
・生肉、生魚貝類、生蔬菜
・肉製品、海產製品、蔬菜製品也有限制
此外,有些物品儘管攜帶數量不多,有時也會被海關人員判定為不可攜帶物品

出國時的注意事項

出發1個月~10天前做好確認

●法國的入境條件

○護照的有效期限
入境申根公約國時護照的有效期限至少要有3個月以上,護照內須留有至少連續兩面的空白頁
○簽證
若是以觀光、短期商旅、外交、公用為目地,在180天期間內停留不超過90天者不需簽證。

○機場的出境航廈
目前台灣只有長榮航空提供直飛巴黎的航班,或可選擇經香港、中東國家轉機的其他航空公司。請確認自己班機的出境航廈是第一還是第二航廈。

○攜帶液體物品登機的限制
攜帶上機的手提行李內若有100毫升以上的液體物品,會在出境時的行李檢查中被沒收,務必多留意。100毫升以下的液體物品,必須放入透明的夾鏈塑膠袋中。詳細規定請參照交通部民航局網站URLhttp://www.caa.gov.tw

小小資訊 申辦護照的相關事宜請參照外交部領事事務局網站URLhttp://www.boca.gov.tw

當旅行日程決定時，可馬上Check一下最重要的
出入境資訊，做好萬全準備前往機場！

出境法國

1 退稅手續 Tax Refund/Détaxe

若要申請退還增值稅，需在辦理報到手續前先到退
稅手續櫃檯「Détaxe」或電子認證退稅通關系統
「Pablo」辦理（→P150）。有時在出發班機集中
的時段會很擁擠，建議提早抵達機場辦理。

2 報到手續 Check-in/
　　　　　　Enregistrement

到航空公司所屬櫃檯出示機票（電子機票）和護照，
辦理報到手續。將攜帶上機以外的行李托運，領取
行李存根Claim Tag和登機證。

3 出境審查 Immigration/
　　　　　　Contrôle des Passeports

出示護照和登機證。通常不會被詢問問題，也不會
在護照上蓋章。

4 手提行李檢查 Security Check/
　　　　　　　　Contrôle de Sûreté

進行隨身行李的X光檢查和人身安全檢查。與台灣
出境時一樣都有液體物品和危險物品的攜帶限制，
請多留意。

5 登機門 Bording Gate/
　　　　　　Porte d'Embarquement

前往登機證上指示的登機門候機。

戴高樂機場
Aéroport Charles de Gaulle

別冊
MAP
P3C1

暱稱為華西（Roissy）的法國樞紐機場，由三座航廈
組成。從台灣直飛巴黎的長榮航空、經新加坡轉機的
新加坡航空會降落在戴高樂機場第一航廈（CDG1），
經香港轉機的國泰航空則降落在戴高樂機場第二航廈
（CDG2）→P140

○旅客服務中心

可受理飯店的訂房和觀光旅行團的報名。位於第一航廈入境
樓層的6號出口、第二航廈E大廳入境樓層的7號和8號出口
附近。

○免稅店

第一航廈和第二航廈的商店都不多，若要採購伴手禮最好前
往機場前在市區買齊。

奧利機場
Aéroport Orly

別冊
MAP
P3C4

位在巴黎南方約14公里外的巴黎第二機場。主要停靠
國內線和近距離的國際線航班，分為國內線起降的西
航廈與國際線起降的南航廈兩座航廈。

●台灣～巴黎的所需時間
直航班機約需13小時。

台灣入境時的限制

返回台灣通過海關時，若有應申報物品，必須繳交填好的「海關申報單」
（家族同行時僅需由一名代表填寫）。

●免稅物品的範圍與數量

| 酒類 | 1公升（不限瓶數） |
| 香菸 | 捲菸200支或雪茄25支、菸絲1磅 |

※以年滿二十歲之成年旅客為限

●禁止攜帶入境的物品

○毒品危害防制條例所列毒品（如海洛因、嗎啡、鴉片、古柯
鹼、大麻、安非他命等）。
○槍砲彈藥刀械管制條例所列槍砲（如獵槍、空氣槍、魚槍

等）、彈藥（如砲彈、子彈、炸彈、爆裂物等）及刀械。
○野生動物之活體及保育類野生動植物及其產製品，未經中央
院農業委員會之許可，不得進口；屬CITES列管者，並需檢附
CITES許可證，向海關申報查驗。
○侵害專利權、商標權及著作權之物品。
○偽造或變造之貨幣、有價證券及印製偽幣印模。
○所有非醫師處方或非醫療性之管制物品及藥物。
○法律規定不得進口或禁止輸入之物品。例如：土壤、新鮮水
果、未經檢疫或從疫區進口之動植物及其產品、未經檢疫之
鮭、鱒、鱸、鯰、鯉魚、繁殖用種蝦等。
○保育類野生動物及其製品者，未經中央主管機關之許可不可
得進口。

機場～巴黎市區的交通

從戴高樂機場前往巴黎市區的交通方式主要有4種，
每種都只需30分～1小時左右，即可抵達巴黎市區。

戴高樂機場

Aéroport Charles de Gaulle

戴高樂機場共有三座航廈，分別為戴高樂機場第一航廈（CDG1）、戴高樂機場第二航廈（CDG2）及戴高樂機場第三航廈（CDG3），依各家航空公司使用不同的航廈，CDG3以廉價航空的班機為主。

●戴高樂機場第一航廈（CDG1）

以圓筒形的建築物為中心，7座衛星建築呈放射狀延伸出來。
使用CDG1的主要航空公司／全日空（NH）、北歐航空（SK）、漢莎航空（LH）、泰國航空（TG）、新加坡航空（SQ）、土耳其航空（TK）、長榮航空（BR）

●戴高樂機場第二航廈（CDG2）

左右呈細長形、面積寬廣的航廈，備有A～G等7座起降大廳。
使用CDG2的主要航空公司／日本航空（JL）、法國航空（AF）、大韓航空（KE）、阿聯酋航空（EK）

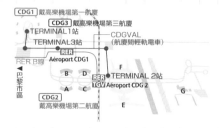

●CDG1～CDG2間
可搭輕軌電車移動

移動時可利用連結各航廈間的「CDGVAL（機場輕軌電車）」。CDG1的搭乘處在地下樓，CDG2的搭乘處在D和F大廳之間的TGV／RER站附近。所需時間約8分鐘。

時4時～翌日1時　休無休　料免費

交通速見表

交通方式		特徵及搭乘處	行經地點
便宜 快速	高速近郊鐵路 RER	RER的B3線有延伸至CDG1和CDG2。雖然不會有塞車問題，但拖著大行李上下轉乘時很麻煩。從CDG1可搭CDGVAL到車站，從CDG2的E大廳則步行可到。	北站（Gare du Nord）、夏特雷一大堂站（Châtelet Les Halles）、聖米歇爾聖母院站（St-Michel Notre-Dame）等
	法國航空 機場巴士	由法國航空負責營運的機場高速巴士，非法國航空的乘客也可以搭乘。大件行李請放在車體下方的置物區。搭乘處在CDG1的32號出口周邊，CDG2則在連結E大廳和F大廳的步道間。	行經馬佑門（Porte Maillot）到戴高樂廣場（凱旋門）
			行經里昂站（Gare de Lyon）到蒙帕納斯站（Gare Montparnasse）
便宜	華西巴士	由巴黎大眾運輸公司RATP負責營運的巴士。行李請放在車內中央的置物區。搭乘處在CDG1的32號出口周邊，CDG2則在連結E大廳和F大廳的步道間。	加尼葉歌劇院
	計程車	兩名以上或行李過多時搭計程車會比較方便。搭乘處在CDG1的24號出口和CDG2 E大廳的11號出口。	到各目的地

小小情報

雖然也有市內巴士可搭到巴黎市區，但較花費時間，又無放置行李的空間，因此不太推薦。另外，前往巴黎市區的RER車廂內常有扒手，請多加留意。

入境樓層

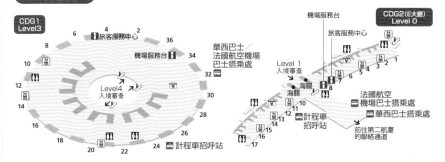

▨ 領行李李處

CDG1 Level3

4 旅客服務中心
6
8
10
12
14
16
18
20 22 24

📍 機場服務台
36
34
32
Level4 入境審查
30
28
26
🚕 計程車招呼站

華西巴士/法國航空機場巴士搭乘處

機場服務台
旅客服務中心

CDG2(E大廳) Level 0

Level 1 入境審查
海關
計程車招呼站

法國航空 機場巴士搭乘處
華西巴士搭乘處
前往第二航廈的聯絡通道

出境樓層

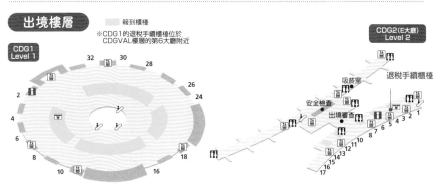

▨ 報到櫃檯

※CDG1的退稅櫃檯位於 CDGVAL樓層的第6大廳附近

CDG1 Level 1

32 30 28
2
26
4
24
6
8
10 16 18

CDG2(E大廳) Level 2

吸菸室
退稅手續櫃檯
安全檢查
出境審查

🔲 服務台　🔽 兌幣所・銀行　🚻 廁所　🔳 電梯　↗ 手扶梯　🚌 巴士　🚕 計程車　🚗 租車

車資（單程）	運行時間	所需時間
€9.75	5～24時每隔 10～15分發車	25分 （到北站）
€17	6～22時每隔20分發車，22～23時每隔30分發車	45～60分
€17.50	6～22時每隔 30分發車	45～60分
€10.50	6時～20時45分 每隔15分發車，20時45分～23時 每隔20分發車	45～60分
€50～70	24小時	30～50分

奧利機場

●前往巴黎市區

從國際線起降的南航廈前往巴黎市區，可搭乘法國航空機場巴士、奧利巴士、Orlyval（輕軌電車）＋RER、計程車。所需時間均為30～50分。

●前往戴高樂機場

○機場高速巴士
由法國航空負責營運的機場高速巴士。所需時間約50分。
時6時30分～22時30分（週六・日7時～）／每隔30分發車
休無休　**料**€21

○計程車
所需時間約50分
料以€60～70為收費標準

小小資訊　從巴黎市區要前往機場，只須將當初從機場前往市區的路線反過來走即可。請事先確認好航班的出境航廈，尤其是巴士會按照CDG2各個起降大廳的順序停靠，所以也別忘了確認班機起飛的大廳。搭乘RER時，CDG1和CDG3要在終點站的前一站下車，CDG2則坐到終點站下車。

市內交通

主要的交通方式有4種，近幾年自行車的自助租賃系統「Vélib'」也備受矚目。凡爾賽宮等近郊觀光則推薦參加自選行程。

市區遊逛小建議

●巴黎就像隻大蝸牛

巴黎從市中心開始以旋渦狀向外延伸並分成1～20區。1～4、8、9區為商業區，5～7區是學區，10～15區為老街區，每一區的氣氛都各異其趣。此外，由於塞納河由東到西橫貫巴黎中央，北邊因此稱為右岸、南邊稱為左岸。

●街道的基本常識

巴黎的地址標示會有街道名和門牌號碼，街道單側的門牌號碼為偶數，對向為奇數。與塞納河平行的街道，越往下流方向走，門牌號碼的數字就越大，與塞納河垂直的街道也同樣，離河道越遠數字也跟著越大。

●車票可通用

地鐵、RER、巴士的車票可通用，地鐵⇔RER、巴士⇔路面電車在90分鐘以內可自由轉乘。不過巴黎有乘車區間之分，前往郊外時必須購買目的地所在區間的車票。

物超所值的3種車票

以下介紹可搭乘大眾運輸工具的3種車票。
週票僅於大車站的窗口販售，其餘皆可在售票機購買。

1日券
Mobilis

可以1天之內自由搭乘巴黎市內與郊外的任何交通工具，車資依照乘車區間而定。1～2區間€6.80，1～3區間€9.05、1～4區間€11.20、1～5區間€16.10。到凡爾賽宮必須買1～4區間的票。

巴黎觀光票
Paris Visite

可搭乘從巴黎市內到郊外的任何大眾運輸工具，還附觀光設施、餐廳等商店的折價優惠。1～3區間的1日券€10.85，2日券€17.65、3日券€24.10、5日券€34.70。每種皆必須連續使用。

週票
Navigo Dècouverte

在有效期限內可自由搭乘交通工具的磁卡車票。必須繳交照片和磁卡的工本費€5。以週一～日可使用的週票為例，1～3區間€26.40、1～4區間€32、1～5區間€34.40。

自選行程

My Bus公司（日本旅遊公司）
☎01 42 44 14 30　時9～19時　休無休
URL www.mybus-europe.jp/　別冊①MAP●P19C4

若要在有限的停留時間內更有效率地觀光，就來參加當地旅行社的自選行程。以下為日本旅遊公司的行程範例，僅供參考。

巴黎市內
上午半天觀光

從車窗觀光巴黎各主要景點，或者是漫步蒙馬特（→P86）等行程。推薦給初次來巴黎的遊客。

【出發／所需時間】9時／3小時15分
【舉辦日】每天　【費用】€50

羅浮宮博物館（→P116）
半天觀光（上午・下午）

從龐大的展品中，由政府認證的導覽人員透過耳機介紹必看的經典名作。

【出發／所需時間】9時　14時／3小時
【舉辦日】週三～一（週日僅上午）※每月第一週日停辦　【費用】上午€52、下午€50

塞納河（→P66）
晚餐遊船

搭乘豪華遊船飽覽塞納河風光，可邊眺望美麗夜景，邊品嘗法國佳餚。

【出發／所需時間】19時30分／3小時30分
【出發日】每天　【費用】€157

紅磨坊（→P126）
晚餐秀

可在1889年創業的老字號夜總會享用晚餐和歌舞秀，能在康康舞的發源地欣賞最正統的表演。

【出發／所需時間】18時30分／4小時30分
【舉辦日】每天　【費用】€195

凡爾賽宮（別冊②P8）
半天觀光（上午・下午）

由政府認證的導覽人員負責介紹，也備有自由參觀宮殿的行程方案€42。

【出發／所需時間】8時30分，14時／3小時30分　【出發日】週一以外的每天※每月第一週日停辦　【費用】€70

聖米歇爾山（別冊②P2）
與翁弗勒

當天往返世界遺產聖米歇爾山的行程。可自由參觀修道院，並附招牌歐姆雷特蛋捲＆蘋果酒的午餐。

【出發／所需時間】7時30分／13小時30分
【出發日】每天　【費用】€142

上述的自選行程內容為2014年11月以後的資料，是由日本旅遊社所規劃，導覽行程使用日語。有些行程在部份國定假日時停辦，請留意。費用涵蓋項目以及取消費用、集合地點等詳細情形，請於報名時確認。

地鐵 Métro

路線圖 別冊① MAP P26

幾乎網羅整個巴黎市區的地鐵網，總共有14條路線運行。各路線以不同顏色區分，每一站的看板都會標示路線編號、顏色、終點站，搭乘方式簡單明瞭，車資也不算貴，可多多利用。

○車資
地鐵全線為均一車資。單程票（ticket T+）€1.70，10張票一組的回數票（Carnet）€13.70。RER和巴士都能使用，因此若預計搭乘8次以上或多人數一起行動的話，購買回數票較划算。

○營運時間
5時30分～翌日0時30分左右（週五・六～翌日1時30分左右）

●單程票的購買方式
可於各站的自動售票機購買，幾乎所有的機型都可以使用信用卡。

1 選擇購票畫面
轉動畫面下方的旋鈕選擇「Acheter des tickets…」，按下右側的綠色按鈕。

2 選擇車票種類
最上方是單程票。在此畫面選擇Billets Ile-de-France，即可移至一日券Mobilis和週票Navigo Découverte的畫面。

3 選擇張數及是否列印收據
選擇要購買的張數。若不需收據就在下一個畫面選擇「Non」。

4 投入金額
投入畫面中顯示的金額。若以信用卡付款，卡片插入後請依照畫面的指示操作。

●方便觀光的3條路線
○1號線
東西橫貫巴黎右岸，是利用價值很高的觀光代步工具。
○4號線
南北縱貫巴黎市區，是唯一行經西堤島的路線。
○7號線
前往加尼葉歌劇院、羅浮宮、巴黎聖母院等地觀光都很便利。

⚠ 注意事項
○在擁擠的車廂內及下手扶梯時要留意扒手和搶劫，盡量避免在清晨和深夜搭乘。
○地鐵出口雖然沒有設閘門，但偶爾會突擊查票，因此車票要保管好別弄丟了。
○手扶梯的左側是留給趕時間的人通行，請勿佔用。

←路線圖可在窗口索取

↑列車內設有折疊式座椅，門邊的折疊式座椅在人潮擁擠時最好不要使用

●搭乘地鐵
月台上的標示即終點站，請事先記好自己要前往方向的終點站。

1 找到車站
地鐵入口的標誌有很多種，大多都沒有寫上站名，請參考地圖確認。
標誌長這樣

2 購買車票
有的自動售票機不能使用紙鈔，請多留意。買1日票或回數票，既可節省購票時間又方便。

3 通過閘門
均為自動式閘門。將車票放進插入口後，用手或腰部推動旋轉杆即可進入。若持Navigo週票則必須走主專用閘門。
右邊為Navigo專用

4 月台候車
沿著路線編號及欲前往方向的終點站名的指標走，即可抵達搭乘月台。月台的電子看板會顯示後兩班車的到站時間。
Montreuil

5 上車
除了14號線與部份新型車輛以外的車門都是手動式，需按按鈕或扳開把手才能打開。

6 下車
列車即將停妥才會解除門鎖，請以上車時同樣的操作方法打開車門下車。沿著「SORTIE」的標示往出口方向走。

7 出站
地鐵出口沒有設置閘門，車票也不會回收。車站內有標示出口處的周邊地圖，可先確認哪個出口離目的地最近，再選擇由該出口出去。

○轉乘
沿著「CORRESPONDANCE」看板的路線編號和終點站名就能找到月台。有的大型車站必須走上好一段路，要有心理準備。

藉口說要幫忙指導售票機的使用方式、幫忙兌換零錢，結果拿了錢就跑，或是要求謝禮之類的事件層出不窮。若要找人詢問，請務必確認對方身上是否有配戴RATP（巴黎大眾運輸公司）的徽章。

143

旅遊資訊　市內交通

高速近郊鐵路 RER

巴黎大眾運輸公司（RATP）與法國國鐵（SNCF）共同營運的高速近郊鐵路，有A～E共5條路線，又依照不同終點站而分支成多條支線，以A1、A3等號碼來分類。比起在市內搭乘RER，在前往凡爾賽宮、戴高樂機場等巴黎近郊時更能彰顯出RER的效益。

↑從巴黎市內要到郊外時最方便的鐵路

←代表車站在此的看板，下方為路線名稱

○車資
在巴黎市區的範圍內，可以購買與地鐵共同的單程票€1.70和回數票€13.70；前往郊外則必須購買目的地所在區間的車資。

○運行時間
5時～翌日1時左右。

●車票的購買方式
若目的地為郊外，即使有單程票或回數票也必須另外購買目的地所在區間的車資。於自動售票機購票時，請選擇目的地的站名、來回／單程、張數。若不知該如何操作，可到窗口將目的地寫在紙條上，交給站務人員即可。車站並無設置「補票機」，若不按規定購票會被課以罰金。

●方便觀光的2條路線

○B3線
連結市內⇔戴高樂機場。終點為CDG2航廈，CDG1航廈則於前一站下車。

○C5線
連結市內⇔凡爾賽宮，搭到終點站VERSAILLES-RIVE-GAUCHE下車。

 ！注意事項

○RER的路線複雜，加上途中有些站並不停靠，請仔細確認看板上的標示。
○出口也設有閘門，除了要購買目的地所在區間的車票，還得小心保管別弄丟。
○與地鐵相比治安較差，夜間搭乘要特別留心！

路線號碼會標示在巴士正面的最上方

巴士 Autobus

巴黎市內約有60條巴士路線，優點是與地鐵相比行駛路徑範圍較小，還能從車窗眺望街景。雖然路線複雜、又必須對地理位置有一定程度的瞭解，但若能善加利用，也可增添遊逛巴黎的樂趣。

○車資
車票與地鐵共通。單程票在插入剪票機後90分鐘內可自由上下車。

○運行時間
7時左右～20時左右（部份路線～24時左右，也有夜間巴士）

●方便觀光的3條路線

○27號　停靠站有聖拉札站（Gare Saint-Lazare）、加尼葉歌劇院、羅浮宮博物館、聖米歇爾廣場、盧森堡公園等。行駛路線幾乎相同的21號也很方便。
○95號　北接蒙馬特、南接舉辦跳蚤市場的凡夫，沿途行經加尼葉歌劇院、羅浮宮博物館、聖日耳曼德佩教堂等地。
○72號　從Porte de Saint-Cloud站到巴黎市政廳，行經協和廣場等地後沿著塞納河行駛。

 ！注意事項

○巴士車內雖然也可購票，但車資€2會比較貴，而且還是不可轉乘的單程票，所以最好乘車前就先買好票。
○由於停靠站多、會受到路上交通狀況的影響，須先做好移動上比地鐵還花時間的心理準備。

●搭乘巴士
路線複雜，乘車前請先確認路線圖和停靠站。

1 上車
確認路線號碼和目的地，當自己欲搭乘的巴士靠近時再伸手招呼示意。基本上由前門上車，若車門打不開，按下車門旁的綠色按鈕即可。

2 剪票機
車票必須插入司機駕駛座旁的自動剪票機剪票，1日票之類的車票只需感應即可。若無車票，請向司機購買。

3 車內
因為車內的廣播不容易聽懂，請看車內的路線圖和電子看板確認下車的停靠站。

4 下車
當過了前一個停靠站後，就可按下紅色按鈕告知司機要下車，下車時請由後方車門。

144

 小小資訊　連結巴黎市內和郊外的交通工具還有輕軌電車（Tramway），若要前往凡爾賽門展覽中心（別冊①MAP●P2B4）或凡夫跳蚤市場（→P55），搭乘橫跨巴黎市南部的T3a最為方便。可使用地鐵車票。

計程車

 Taxi

↓計程車招呼站

↑車體顏色會依計程車公司而異

行李太多或深夜外出時，計程車就是重要的交通工具之一。雖然會說英語的司機不多，但只要能清楚告知目的地就不用過於擔心。車資採跳錶制，可安心搭乘。

●計程車車資

起跳價€2.60，依時段與巴黎市內、郊外區域分為A～C3個等級，1公里的增加額度A€1.04、B€1.27、C€1.54。放置後車箱的行李第2件～加收€1，第4名乘客加收€3。若為電話叫車也得支付加收費用。最低車資為€6.86。

●主要的計程車公司

○Alpha Taxis
☎01 45 85 85 85
○Taxis Bleus
☎3609

 注意事項

○由於巴黎的計程車長期處於短缺的狀態，下雨天和早晚的尖峰時段都很難招到車。回程要前往機場時，請提早請飯店櫃台幫忙預約。
○若有利用後車廂的空間，行李的搬進搬出都交由司機即可。

●搭乘計程車

巴黎的計程車都是手動車門，必須自己開關車門。搭乘人數基本上最多3人，通常副駕駛座不供客人乘坐。

1 找尋計程車

雖然也有隨招隨停的計程車，但最好還是在街上的計程車招呼站搭車或請飯店、餐廳幫忙叫車。車頂的TAXI PARISIEN若亮綠燈即代表空車，紅燈則表示目前無法載客。

2 上車

自己開車門上車。若不會說法文，建議將目的地在紙上寫出示給司機看較為保險。

3 付費＆下車

依照跳錶機上顯示的數字，再加上行李及乘客數等加收費用後支付金額。請留意周圍的交通狀況後再自行開門下車，下車後要記得關上車門。

自行車租借

  Vélib'

由巴黎市負責營運的自行車自助租賃系統，已成為巴黎人平日代步的交通工具。市內約有1800個租賃站，每隔約300公尺就有一站。只要完成登錄手續，遊客也能自由利用。

不需國際駕照也能租借，相當方便

○費用　1天€1.70、1星期€8，若持週票「Navigo Dècouverte」可免費使用。登錄時必須要有晶片信用卡，並需事先支付€150的保證金，此為預防發生事故或故障時之用，若無任何狀況就不會請款。

 注意事項

○1次的使用時間若超過30分鐘以上，就會加收費用。31～60分鐘€1、61～90分鐘€2（合計€3），91分鐘以後€4，若每次都在30分鐘內還車，即可花€1.70任意使用。
○由於是不特定的多數人在使用，自行車爆胎的情形也不算罕見，租借前請先確認腳踏車有無毀損、輪胎的氣夠不夠等。
○在巴黎騎自行車必須遵守與車輛相同的交通規則。最近增設了不少與車道相反方向的自行車道，務必留意，另外也要小心身旁的機車。

●租借 Vélib'

自行車屬於一般車輛，因此禁止騎上人行道，請騎在車道的右側。

1 登錄

在租借站的「Borne」選擇使用語言後，登錄利用天數。以信用卡完成登錄手續後，會列印出一張印有6個數字的Velib密碼票卡，請勿遺失。

2 租車

登錄完後畫面出現可租借的白行車號碼，可自行選擇。解鎖後即可往後拉出自行車。

3 還車

還車時只要租借站有空位即可。當燈號從紅色轉為綠色，聽到嗶的聲音就表示已還車成功。

 搭計程車基本上不需給小費，若要給的話以車資的5～10%為基準，或是將找錢的零頭當作小費也可以。

旅遊常識

出發前不妨先瞭解一下貨幣、季節變化、特殊文化和禮儀等相關事項。為了讓巴黎旅程更舒適，請先將這些不可不知的基本資訊記入腦袋裡吧。

貨幣資訊

法國的通行貨幣為歐元（€），輔幣是歐分（Cent，法國通稱Centime），€1＝100¢。

€1＝約33.5台幣

（2015年6月的匯率）

紙幣有7種面額，正面的圖案為全歐盟國家統一，背面的設計則各國不一。硬幣€1和€2上有代表國土外觀的六角形與樹，以及鑄有自由、平等、博愛等文字，10～50¢上為插種的女子，1～5¢上是自由女神的肖像畫。

若持信用卡就不需隨身攜帶過多的現金，也能做為身分證明。百貨公司、精品店和餐廳等大部分的商家都能使用。

 €5

 €10

 €20

€50

 €100

 €200

€500

 1¢　 2¢　 5¢　 10¢

 20¢　 50¢　 €1　 €2

●貨幣兌換

機場、主要車站、飯店等場所均可兌換歐元。由於匯率和手續費不一，最好事先比價。不過，最好的方式還是行前在國內就先兌換好所需額度的歐元。

機場	市內的兌幣所		ATM	飯店
當場即可兌換	**數量多**		**24小時無休**	**安全＆便利**
入境大廳就有兌幣所，不過相較之下匯率不佳、手續費也不菲，先兌換眼前所須使用的金額即可。	位於觀光客聚集的地點。每家店的匯率不同，確認時除了瀏覽店頭顯示的匯率外，也別忘了還會加上手續費。	 記住這個「CHANGE」的標誌	到處都有，於兌幣所較少的地區相當方便。ATM機器上若有與手持金融卡上相對應的Cirrus或Plus標誌即可跨國提款。	雖然匯率不佳，但優點是在櫃台就能兌換，安全又安心。不過有些小型飯店並無提供換匯服務。

※市內的銀行和郵局不提供換匯，請留意

ATM附加功能推薦

使用有預借現金功能的信用卡、國際現金卡、Visa金融卡、電子旅行支票，即可在ATM提領所需額度的現金貨幣。在ATM使用有預借現金功能的信用卡時，會依照各發卡公司的契約內容收取手續費。在兌幣所兌換歐元需支付2～5%的手續費，但也有店家不收取手續費。不過，銀行附設的ATM最好於銀行營業時間內使用，遇到狀況時才能即時處理。

ATM常用英文單字表

密碼…PIN/ID CODE/SECRET CODE/PERSONAL NUMBER
確認…ENTER/OK/CORRECT/YES
取消…CANCEL
交易…TRANSACTION
提領現金…WITHDRAWAL/GET CASH
預借現金…CASH ADVANCE/CREDIT
金額…AMOUNT

旅遊季節

五一勞動節、聖誕節和元旦，美術館及商家等設施幾乎都會暫停營業，安排旅遊行程時要特別留意。

● 主要節日

1月1日	元旦
4月5日	復活節※
4月6日	復活節隔天的週一※
5月1日	勞動節
5月8日	第二次世界大戰歐戰勝利紀念日
5月14日	耶穌升天日※
5月24日	聖靈降臨日※
5月25日	聖靈降臨日隔天的週一※
7月14日	法國大革命紀念日
8月15日	聖母升天日
11月1日	諸聖節
11月11日	第一次世界大戰停戰紀念日
12月25日	聖誕節

● 主要活動

3月上旬	巴黎時裝周
4月12日	巴黎馬拉松
5月下旬～6月上旬	法國網球公開賽
6月21日	音樂節
7月上旬～下旬	環法自行車賽
7月14日	國慶日
10月3日	巴黎白夜藝術節
10月3日～4日	凱旋門賽馬大賽
10月第2週末	蒙馬特葡萄豐收節
10月28日～11月1日	巧克力展
11月下旬～1月中旬	聖誕節燈飾

誘人的折扣季（→P9）

※ 上述節日以2015年的日期為準。※代表每年會變動日期的浮動假日

● 氣候與建議

春 3～5月	3月還很寒冷，要等到4月中旬以後才有春意。日夜的溫差很大，請多準備一件外套。	夏 6～8月	7、8月的氣溫有時會超過30℃以上，但與台灣相比濕度較低也舒適許多。早晚偏涼，請留意。
秋 9～11月	9月以後雨天變多，氣溫也開始下降。毛衣和外套為必備衣物，也別忘了攜帶雨具。	冬 12～2月	溫度不斷下探，大多是陰天少有放晴。得備妥大衣、帽子、手套、靴子等禦寒用品。
當令食物	3～5月／白蘆筍、小羊肉、鮭魚 6～8月／櫛瓜、覆盆子、比目魚 9～11月／香菇、鴨肉、野味、牡蠣		牡蠣

● 平均氣溫與降雨量

平均氣溫（℃）

台北: 16.8, 16.5, 18.9, 22.5, 25.2, 28, 30.5, 30.2, 29.7, 24.7, 22.3, 16.5

巴黎: 4.4, 4.5, 7.6, 11.7, 14.7, 18.0, 20.1, 18.8, 16.4, 12.6, 7.7, 4.2

降雨量（mm）

	January	February	March	April	May	June	July	August	September	October	November	December
巴黎	43.2	44.3	38.2	33.1	63.5	69.8	69.4	70.7	36.4	44.3	50.7	59.2
台北	22	198	147	98	635	384	222	84	100	26	46	87

小資訊

1995年創辦的世界最大規模巧克力活動「巧克力展Salon du chocolat」（→P95）。以巴黎為中心，將世界各國的巧克力師和甜點師齊聚一堂，還有巧克力試吃會和新作發表等各種活動。

撥打電話

- ●以自己的手機撥打電話…可事先連絡電信業者開通國際漫遊服務，或到當地購買預付儲值SIM卡。
- ●使用公共電話…目前以電話卡（Télécarte）式的公共電話為主流。Télécarte €8～，可於郵局的專用窗口、書報攤Kiosque、菸酒店Tabac購買。

大街上的公共電話

●巴黎→台灣

00（國際冠碼）－886（台灣國碼）－對方電話號碼（區域碼／手機號碼去0）

●巴黎市內電話（從飯店客房撥打）

01（巴黎固定電話區域碼）－對方電話號碼
從飯店客房撥打時：外線專用號碼（依飯店而異）－對方電話號碼。

●台灣→巴黎（固定電話）

002（國際冠碼）－33（法國國碼）－對方電話號碼（區域碼／手機號碼去0）

網路使用

●街上

麥當勞、星巴克、公園、圖書館和美術館等公共設施都設有Wi-Fi熱點，只要有智慧型手機或電腦即可利用。若連線時需要密碼，請向工作人員詢問。街上也有許多網咖，但不一定能輸入中文。

●飯店

中級以上的飯店，大多在大廳或商務中心都備有供房客使用的上網裝置。有些客房內也會提供無線網路或有線寬頻上網，只要自行攜帶電腦即可上網。不過，有些飯店會收取費用。

郵件・小包寄送

●郵件

郵票可在郵局或菸酒店購買。寄送台灣時只需在收件地址上用英文標示「TAIWAN」「AIR MAIL」，其餘的寫中文也OK。郵筒為黃色箱型，寄往台灣的郵件請投入標有「Province-Etranger」的投入口。此外，也可託飯店櫃台代為寄送。寄包裹時必須在連同海關申報單的規定表格中填入必要事項，然後貼在包裹上，包裹外一定要加註後送行李「Unaccompanied Baggage」，若無此標示就必須以一般貿易貨物的進口手續辦理。

巴黎中央郵局／別冊①MAP●P11C1

法國郵局　La Poste
URL www.laposte.fr/

從巴黎寄到台灣的基準

內容	期間	費用
明信片、信件（20g以內）	4～5天	€0.98
信件（50g以內）	4～5天	€1.78
小包（2kg以內）	1星期	€40.85

※上述為航空小包的寄達時間，海運的話約需3～4星期

便利的「Colissimo」！

購買含郵資在內的便利箱寄送包裹既便宜又划算。5公斤以內€43.80，7公斤以內€51.50。

注意事項

在國外使用手機時須特別留意漫遊費用，不用時建議將數據漫遊功能關閉，或是申請國際漫遊服務。

飲水、廁所&其他

●自來水可以喝嗎？

巴黎的自來水可直接生喝，但石灰含量較高，喝不慣的人還是建議買礦泉水飲用。礦泉水又分為沒有氣泡的「Non Gazeuse」和含氣泡的「Gazeuse」。

種類豐富的礦泉水

●插頭和變壓器是必需品

巴黎電壓為220～230V，周波數50Hz。若從台灣攜帶電器製品，請選擇具備變壓功能的國際規格機種，或是另外攜帶變壓器。插頭的形狀，有2孔的C型和3孔的SE型插頭。

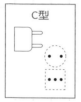

C型

●香菸

法國自2007年2月起實施禁菸令以來，巴士、鐵路、RER、地鐵、船舶、飛機等交通工具，以及商店、百貨公司、車站、觀光設施、機場、餐廳、咖啡館、飯店等建築物內的公共空間都禁止吸菸。違規者會被處以罰款（€68），請特別注意。

●留意罷工

即使是地鐵、鐵路等交通工具及美術館等觀光設施，也時常發生罷工的狀況。由於罷工有事前告知的義務，所以只需上各交通機關和設施的網站事先確認即可。附帶一提，罷工的法文為「grève」。

●想上廁所怎麼辦？

免費公共廁所如果亮綠燈就代表可以使用。飯店、百貨公司、美術館等大多是付費廁所，請在出口的小盤子放上€0.50左右的硬幣。若要使用咖啡館內的廁所，可點杯咖啡或是支付€0.50～1的小費。

「Toilettes」、「W.C」為廁所的指標

●營業時間

巴黎一般店家的營業時間。大部分店家都是週日公休，請留意。

餐廳	(時)12時～14時30分、19時30分～23時　(休)週日
商店	(時)10～19時　(休)週日
百貨公司	(時)9時30分～20時（每週1天～21時）　(休)週日
美術館・博物館	(時)10～18時（每週1天～21時）　(休)週一或週二
銀行	(時)9～17時　(休)週日

●尺寸

○女性

台灣	衣服	7	9	11	13	15
法國		36	38	40	42	44
台灣	鞋	22.5	23	23.5	24	24.5
法國		35	36	37	38	39

○男性

台灣	胸圍	衣服	81-84	85-88	89-92	93-96	97-100
	腰圍		73-76	77-80	81-84	85-87	88-92
法國			38	40	42	44	46
台灣	鞋		24.5	25	25.5	26	26.5
法國			39	40	41	42	43

※上列的尺寸比較表僅供參考，不同廠牌會有所差異。

巴黎的物價

礦泉水（500ml）€0.50～	麥當勞的漢堡€1～	星巴克的綜合咖啡（T）€2.95～	生啤酒（1品脫）€7～	計程車起跳車資€6.86～

注意事項　上述的礦泉水價格為車站自動販賣機的標價€1.80，但觀光景點有時會賣到€2左右。生啤酒的價格方面，較平價的酒吧大約€5前後。

規矩＆禮儀

〔觀光〕

●旅途中的好幫手！旅客服務中心

要收集當地資訊就到旅客服務中心。羅浮宮博物館旁、里昂站（Gare de Lyon）、北站（Gare de Nord）等地都有設置，記得前往索取最新資訊。
■旅客服務中心官網　URL www.parisinfo.com
■巴黎政府觀光局　住25, Rue des Pyramides
時9～19時（冬季10～19時）
休5月1日　別冊①MAP●P19C4
■巴黎旅客服務中心里昂站　住20, Bd. Diderot
時8～18時　休週日　別冊①MAP●P3D3
■巴黎旅客服務中心北站　住18, Rue de Dunkerque時8～18時　休5月1日
別冊①MAP●P17A1
■巴黎旅客服務中心蒙馬特　住21, Pl. du Tertre
時10～18時　休無休　別冊①MAP●P25C2

●參觀教堂的禮儀

教堂雖為觀光景點，也是舉辦彌撒和婚喪喜慶儀式的莊嚴場所，因此嚴禁穿著暴露的服裝進入。此外，週日早上等時段舉行彌撒的時候請勿入內參觀。

●請留意禁止攝影的場所

很多美術館和博物館都禁止攝影，即使攝影OK也多會禁止使用閃光燈和腳架。其他還有不可觸摸作品等各種規定事項，請仔細確認。

〔美食〕

●若感到滿意可給點小費

雖然小費大多已內含在餐費內，但若對服務感到滿意也可在桌上放點小費表達心意。通常為餐費的3～5％。

●讓用餐更加愉快的小禮儀

入店後請由侍者帶位，依女性、男性的順序入座。點餐多由男性負責，試飲葡萄酒則由其中一人負責。麵包每次只取一片，並直接放在桌上。要吃的時候，再用手撕成一口大小享用。在桌邊就能進行結帳，可做出拿筆寫字的動作向侍者示意，或是說聲「L'addition, s'il vous plaît」。

●訂位‧確認有無著裝規定

大多數的星級餐廳都能以英語訂位，只需在電話中告知用餐時間與人數。有些餐廳也提供英文網站的訂位服務。若為高級餐廳需遵守著裝規定，女性為洋裝或套裝，男性則穿西裝打領帶。

〔購物〕

●退增值稅

在法國購買商品時，會被課20％（食品、書籍5.5％或10％）的增值稅（TVA）。若為環球藍聯（Global Blue），歐盟國家以外的居民只要在TAX FREE加盟店當日同一店家消費滿€175.01（部分店家規定金額不一）以上，即可退還購物金額的12～13％，但以離境前不可開封使用為先決條件。若回程搭乘經由歐洲的航班，可於最後一站的歐盟國家辦理手續。

○環球藍聯的退稅方法
①購物時若合計金額超過規定金額（總額€175.01），出示護照即可申請退稅手續。
②在退稅單上填入必要事項。填妥後，領取退稅單和專用信封。
③回國時，在辦理報到手續前，先到機場的退稅手續櫃檯Détaxe出示退稅單、護照、機票（電子機票）、未使用的商品和收據，交給海關在退稅單上蓋上海關印章。不同機場和航廈有時順序會有差異，請事先確認。
④退款方式可選擇信用卡、支票或現金。於退稅單上填入信用卡號，就會自動退款至信用卡。若選擇支票，會將支票郵寄至申請單上的地址。現金的話可直接在附近的退稅櫃台領取。
⑤退稅款項入帳需候時約5星期～2個月，若有延宕請向環球藍聯客服中心詢問。
URL www.global-blue.com/（英語）

○電子認證退稅通關系統
（通稱Pablo）的使用方法
退稅單上若印有「Pablo」的商標，即可透過Pablo辦理退稅手續。在報到手續前，先在藍色的自動退稅機讀取退稅單上的條碼，等通過出國手續、安全檢查後再到紅色的自動退稅機讀取條碼即可完成。基本上都必須經過兩道手續，但也有些地方只需要第一道手續即完成退稅辦理，出境前務必確認手續是否完成。退款可選擇信用卡或現金。

〔飯店〕

●別忘了給小費

若門僮有幫忙提行李，就以一件€1左右，在行李放好後直接給小費。隔天早上可將€1放在枕頭下方或邊桌上。客房服務則給€2左右。在給小費時，也別忘了說聲Merci（謝謝）。

注意事項　在法國上咖啡館需支付座席費，露天座最貴，吧檯座最便宜。吧檯座一般為€1左右，露天座則大約是吧檯座的兩倍。

突發狀況應對方式

巴黎的治安雖然良好，但也不可過於大意。地鐵內偷竊和搶劫事件頻仍，請特別小心。此外，入夜後路上行人較少，女性請盡量避免獨自在外逗留。

●生病時

別猶豫直接去醫院吧！若不知道如何是好，可請飯店櫃台代為安排醫師，或是連絡自己所參加的旅行社、保險公司的當地服務處幫忙介紹醫院。有時國外的藥不見得適合自己，最好從國內攜帶習慣用藥。

●遭竊・遺失時

○護照
護照遭竊、遺失時，請先到警察局報案並索取遺失證明文件，之後再向駐法國台北代表處申請補發。
○信用卡
為了避免遭人盜刷，請於第一時間連絡信用卡公司掛失，接著再遵循信用卡公司的指示處理後續。

●突發狀況範例

○在地鐵車廂內有幾位女性圍繞在旁，當電車門一打開，背後被人推擠，手提包內的貴重物品就這樣不翼而飛了。
⇒盡量避免人潮擁擠時搭地鐵，貴重物品切勿露白引起他人注意。包包請隨時保持在目光可及之處。

○從機場搭計程車前往巴黎市區，停車時車窗被打破，手提包和背包就被搶走了。
⇒請盡量將高級名牌品放在從車窗外較難看見的地方。

○走在人行道上時，遇到兩人共騎一輛機車從旁經過，並強行搶走包包。
⇒走在街上時，切勿將包包揹在靠車道的那一側。請將肩背包斜背，保持在目光可及之處。

○在咖啡館用餐時被搭訕，受邀到另一家咖啡館，結果喝下摻有安眠藥的啤酒後遭到性侵。
⇒絕對不要輕易相信陌生人。別人請吃東西時，絕對不放入口中。

行前Check！

請上外交部領事事務局的官網查詢旅外安全資訊。
URL http://www.boca.gov.tw/

旅遊便利貼

〔巴黎〕

●駐法國台北代表處
Bureau de Représentation de Taipei en France
78, rue de l'Université 75007 Paris France
受理領務申請案件時間：
時 週一～五
9時30分～12時30分、13時30分～16時
交 M 12號線Solférino站、RER C線Musée d'Orsay站
別冊①MAP●P10A2
☎（33-1）44398830
FAX（33-1）44398871
●24小時急難救助
行動電話：（33）680074994
法國境內直撥：0680074994
URL www.taiwanembassy.org/FR
●旅外國人急難救助全球免付費專線
☎00-800-0885-0885（自法國撥打）

●法國警察局 ☎17
●醫護人員陪同救護車（付費）☎15
●消防隊 ☎18

●信用卡公司緊急連絡電話
・VISA全球緊急服務中心
☎0800-904349
・MasterCard全球服務中心緊急救援電話
☎0800-901387
・JCB PLAZA Call Center（免費服務熱線）
☎00-800-3865-5486

〔台灣〕

●法國在台協會
地址：105台北市敦化北路205號10樓
電話：（886）3518-5151
傳真：（886）3518-5190
URL http://www.fi-taipei.org/
●觀光局
法國旅遊發展署 台灣辦事處
地址：105台北市復興北路167號13樓
電話：（02）2714-8987
傳真：（02）2718-0733
URL http://cn.rendezvousenfrance.com/zh-hant

注意事項　出門在外什麼時候會捲入麻煩誰也說不準，最好記住卜榻飯店的電話號碼，以防萬一。

美食指南

若想在美食之都巴黎大啖美食，來預習一下從訂位到點菜的餐廳基礎知識吧！

●從訂位到結帳

該怎麼向餐廳訂位？又該如何結帳？以下整理出當地的用餐潛規則及禮儀等該特別留意的重點。

 訂位

打電話或上網預約，或是事前直接到店家詢問也是方法之一。預約時就說「Je voudrais réserver la table pour 2 personnes.（我要預約2個人的位子）」。

 點餐

點餐時就說「Je voudrais○○（我要點○○）」。與其從單品菜單中點菜，不如選擇已經精選過的套餐會比較容易。若被詢問「Apéritif（開胃酒）？」，就點香檳類或是不點跳過也行。礦泉水的話，可選擇無氣泡（L'eau plate）或是氣泡水（L'eau gazeuse）。若非高級餐廳也可只點免費的自來水（Une carafe d'eau）。

STEP 3 結帳

餐後基本上都會在桌邊進行結帳，只須告知剛才服務上菜的侍者「L'addition, s'il vous plaît（我要結帳）」，對方就會拿帳單過來。由於每桌都有固定的侍者負責服務，請留意別招呼到別桌的侍者。

小費怎麼給？

法國並無給小費的規定，但在高級餐廳通常會給餐費5～10%的小費。以信用卡付帳時，也建議將適當金額的小費留在桌上。

●菜單

法語稱菜單為「Carte」，只要知道關鍵字就沒問題！

小餐館

❶ 套餐

從前菜／主菜／甜點的菜單中選擇1～3道的優惠全餐形式

❷ 前菜

Entrée即前菜的意思，有冷盤和溫蔬菜可選擇

❸ 主菜

Plat。可從魚（Poissons）和肉（Viandes）選出1道，有些餐廳會兩種依序上菜。主菜原則上1人必須點上1盤。

❹ 甜點

Dessert。以季節水果或巧克力製作的甜品為基本，有時乳酪（Fromages）也會列在這裡。

餐廳

MENU

| ENTRÉES |
| DESSERTS |
| POISSONS |
| VIANDES |
| FROMAGES |

MENU DÉGUSTATION

ENTRÉES / STARTERS

POISSON/VIANDE / FISH/MEAT

DESSERTS

餐廳與小餐館的不同？

餐廳雖然是餐飲店的總稱，但在法國一般多指必須事前預約、有著裝規定的高級法國餐廳。小餐館原本多指小規模的酒館、平價餐廳，但巴黎近幾年來興起一股由明星主廚開設的新式小餐館風潮；另一方面，休閒式的餐廳也越來越多，兩者之間的界線也已逐漸模糊。不過，若要造訪這兩種型態的餐廳時，皆建議不要穿得太過隨便，特別是晚餐更須注意。

 其他的基本款菜單，還有「Formule Petit Déjeuner」＝麵包和咖啡或紅茶、可可擇一的早餐套餐，以及「Café Gourmand」＝咖啡搭配幾個小甜點的甜點套餐等。

● 菜單形式

法國菜的套餐以前菜、主菜、甜點3道為基本，有時前菜之前還有Amuse Bouche（開胃小點）及甜點之前的乳酪。最具代表性的餐點如下所列。

前菜 Entrée	+	主菜 Plat	+	甜點 Dessert

carpaccio 生切薄片	pâté 肉醬派	blanquette de veau 白醬燉小牛肉	crème brûlée 烤布蕾	
charcuterie 火腿、香腸等	potage maison 自製濃湯	confit de canard 油封鴨腿	gâteau au chocolat 巧克力蛋糕	
foie gras 鵝肝	ratatouille 普羅旺斯燉菜	poularde de bresse grillée 烤布黑斯母雞	glacé 冰淇淋	
jambon cru 生火腿	salade verte 綠色沙拉	filet de sole meunière 奶油香煎魚排	sorbet 雪酪	
œuf dur mayonnaise 美乃滋水煮蛋	terrine 凍派	coquille saint-jacques a la provançale 普羅旺斯風奶油香蒜扇貝	tarte 甜塔	

● 主要食材

只要記住菜單上食材的法文，就能明確掌握料理的型態！

肉 Viandes		魚貝類 Poissons		蔬菜 Légumes				水果 Fruits	
agneau	小羊	bar	鱸魚	ail	蒜	endive	菊苣	ananas	鳳梨
boeuf	牛肉	carrelet	鰈魚	artichaut	朝鮮薊	haricot vert	四季豆	abricot	杏桃
caille	鵪鶉	dorade	鯛魚	asperge	蘆筍	laitue	萵苣	citron	檸檬
canard	鴨	gambas（Crevette）	蝦（小蝦）	aubergine	茄子	lentille	小扁豆	fraise	草莓
faisan	雉雞	huître	牡蠣	carotte	紅蘿蔔	navet	蕪菁	framboise	覆盆子
lapin	兔	maquereau	鯖魚	champignon de Paris 洋菇		oignon	洋蔥	mangue	芒果
oie	鵝	moule	淡菜	chou	高麗菜	poivron	青椒	pamplemousse	葡萄柚
porc	豬肉	saumon	鮭魚	concombre 小黃瓜		pomme de terre 馬鈴薯		pêche	桃
poulet	雞肉	sardine	沙丁魚	courgette	櫛瓜	potiron	南瓜	pomme	蘋果
veau	小牛	sole	比目魚			tomate	番茄	raisin	葡萄

小會話

● 請給我菜單
La carte, s'il vous plaît.

● 請再給我一點麵包
Est-ce qu'on peut avoir du pain, s'il vous plaît

● 推薦料理是什麼？
Quel plat me recommandez-vous ?

● 很好吃
C'est très bon.

● 請給我這個
Je vais prendre ça.

● 我要結帳
L'addition, s'il vous plaît

小小知識　前菜的濃湯稱為「Velouté」，有些濃湯會烹煮成口感綿滑的奶油狀。
美乃滋水煮蛋簡稱為「œuf mayo」，是一道巴黎名店互爭排名的隱藏版人氣餐點。

簡單列出 行前準備memo

首先參考旅遊季節（→P147），決定服裝和攜帶物品。
出發前可利用memo欄做好行前準備，
若有時間，也可先想想要給誰買哪些伴手禮。

託運行李list

☐ **鞋**
　除了好穿易走的平底鞋外，再準備
　一雙外出鞋會更方便
☐ **包包**
　早餐和晚餐時可放錢包和手機的小
　包包，能隨身攜帶的大小即可
☐ **衣服**
　選擇方便洋蔥式穿法、不容易皺的
　材質
☐ **貼身衣物**
　準備3套左右，在當地也可清洗替
　換。也別忘了襪子

☐ - - - - - - - - - - - - - -
☐ - - - - - - - - - - - - - -
☐ - - - - - - - - - - - - - -

☐ **牙刷組**
　有不少飯店並不提供牙刷、牙膏等用
　品
☐ **洗臉用品**
　卸妝、洗面乳等
☐ **化妝品**
　粉底、口紅、眼影、腮紅、眼線筆等
☐ **防曬用品**
　日照強烈的夏天請準備SPF係數較高
　的產品
☐ **沐浴用品**
　沐浴乳等清潔用品飯店都有，若無特
　殊需求就不用多準備

☐ **拖鞋**
　帶可折疊的旅行用拖鞋或用過即丟的
　拖鞋比較方便
☐ **常備藥**
　止瀉、腹痛、綜合感冒藥等，有漱口
　水更好
☐ **生理用品**
☐ **轉換插頭、充電器、充電電池**
　攜帶有內建變壓功能的國際規格機種，
　或是另外帶變壓器
☐ **環保袋**
　可折疊的袖珍型最方便
☐ **折傘**
　若遇雨季也可攜帶雨衣
☐ **太陽眼鏡**
☐ **帽子**

有洗滌用品、折疊式衣架的
話會更方便。若預定要去熟
食店或超市購買食材的話，
也別忘了攜帶自用筷或免洗
叉子

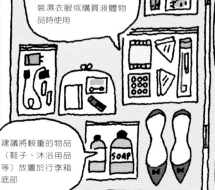

除了環保袋外，再多準
備幾個塑膠袋，可用來
裝濕衣服或購買液體物
品時使用

！注意！
帶上機內的免費寄放行李，
會有重量和尺寸的限制，依
航空公司會有不同規定，出
發前請事先確認限制細節。
另外，託運的行李有時在搬
運過程中會出現破損，為防
萬一，請記得將行李箱綁上
行李帶

可善用分裝袋或保存
用的小袋子，將行李
整齊分類，或是用包
巾打包衣物

建議將較重的物品
（鞋、沐浴用品
等）放置於行李箱
底部

SOAP

便利memo

護照號碼 (　　　　　　　　　　) 　　飯店 (　　　　　　　　　　　)

去程班機號碼 (　　　　　　　) 　　出發日 (　　　　　　　　　)

回程班機號碼 (　　　　　　　) 　　回國日 (　　　　　　　　　)

手提行李list

□護照
　絕對不可忘記！　出發前再確認一次

□信用卡

□現金
　除了要在當地兌換的金額外，也別忘了國內要使
　用的交通費

□數位相機
　電池、記憶卡最好再多準備一組

□手機
　若手機有計算機功能，即可代替計算機

□原子筆
　填寫出入境卡和海關申報單時會用到

□旅行團行程表（機票／電子機票）

□面紙

□手帕

□護唇膏

□圍巾／口罩（有需要的人）
　機艙內空氣乾燥，可帶口罩防護

手提行李注意事項

液體類的東西若要帶上機艙會有相關限制（→P138）。
髮膠等噴霧類、護唇膏等膠狀物也包含在液體物品
內，請特別注意。此外，刀刃類物品禁止帶上機艙，
建議將機艙內不會用到的東西全放在行李箱託運。

叩叩世界

別忘了帶我走

推薦攜帶不需手
拿、可背在肩上
的包款

伴手禮list

送禮對象	禮物	預算

Index

名稱	類型	區域	頁碼	別冊①MAP
□洗衣舫工作室	名勝	蒙馬特	P86	P24B3
□阿拉伯文化中心	大樓	拉丁區	P67、131	P12A4
□亞歷山大三世橋	橋樑	艾菲爾鐵塔周邊	P66	P9D1
□勝利廣場	廣場	歌劇院	P128	P7C4
□Vedettes du Pont-Neuf	遊船	塞納河	P66	P11C2
□艾菲爾鐵塔	名勝	艾菲爾	P19、66	P8A2
□加尼葉歌劇院	劇院	歌劇院	P21、71	P19C1
□歌劇院博物館	博物館	歌劇院	P21	P19C1
□橘園美術館	美術館	羅浮宮周邊	P120	P18A4
□奧賽博物館	博物館	聖日耳曼德佩	P67、120	P10A2
□凱旋門	名勝	香榭麗舍	P22	P4A2
□貝宏杰公寓	公寓	帕西	P130	P16A4
□地下墓穴	地下墓園	蒙帕納斯	P85	P14B4
□卡地亞當代藝術基金會	美術館	蒙帕納斯	P131	P14B3
□首鄉街	街區	蒙帕納斯	P85	P14B2
□奇蹟之金幣聖母院	教堂	聖日耳曼德佩	P81	P10A4
□古斯塔夫·莫侯美術館	美術館	歌劇院	P123	P6B1
□大皇宮國家美術館	美術館	香榭麗舍	P69	P5C4
□克呂尼中世紀博物館	博物館	拉丁區	P122	P11C4
□廊麗碼頭博物館	博物館	艾菲爾鐵塔周邊	P131	P8B2
□協和廣場	廣場	香榭麗舍	P69	P18A4
□巴黎古監獄	城堡	西堤島	P67、88	P11C3
□聖心堂	教堂	蒙馬特	P22、86	P25C2
□聖日耳曼德佩教堂	教堂	聖日耳曼德佩	P80	P21C2
□聖修爾皮斯教堂	教堂	聖日耳曼德佩	P80	P21C4
□聖馬丁運河	運河	聖馬丁運河	P90	P17B1~3
□聖路易島	島	聖路易島	P67	P12A4
□聖禮拜堂	教堂	西堤島	P88	P11C3
□聖德斯塔許教堂	教堂	夏特雷一磊阿勒	P75	P11C1
□雅各瑪安德樂博物館	博物館	香榭麗舍	P122	P5C2
□愛牆	名勝	蒙馬特	P87	P24B3
□植物園	公園	拉丁區	P83	P15D2
□生物演化藝廊	博物館	拉丁區	P83	P15D2
□裝飾藝術博物館	博物館	聖多諾黑街	P73	P10B1
□索邦大學	大學	拉丁區	P82	P11C4
□蒙馬特遠利空間	美術館	蒙馬特	P123	P25C3
□小丘廣場	廣場	蒙馬特	P86	P25C3
□德拉克洛瓦美術館	美術館	聖日耳曼德佩	P123	P21C2
□巴黎聖母院	教堂	西堤島	P20、67、88	P11D3
□巴黎遊船	遊船	塞納河	P66	P8A2
□塞納河遊船	遊船	塞納河	P66	P8B1
□Batobus	遊船	塞納河	P66	P8A2等
□巴黎市政廳	名勝	夏特雷一磊阿勒	P67、75	P22A3
□巴黎市立現代美術館	美術館	帕西	P122	P8B1
□萬神殿	名勝	拉丁區	P82	P15C1
□畢卡索美術館	美術館	瑪黑區	P25	P23C2
□私立巴黎美術館	美術館	歌劇院	P71	P18B2
□比爾·阿肯橋	橋樑	帕西	P130	P16B3
□磊阿勒商場	複合設施	夏特雷一磊阿勒	P75	P11D1
□小皇宮美術館	美術館	香榭麗舍	P69	P5D4
□波旁宮	宮殿	艾菲爾鐵塔周邊	P66	P9D1
□龐畢度中心	複合設施	夏特雷一磊阿勒	P74	P22A2
□馬約爾美術館	美術館	聖日耳曼德佩	P123	P20A2
□瑪德蓮教堂	教堂	歌劇院	P71	P18B2
□瑪摩丹莫內美術館	美術館	帕西	P122	P16A2
□蒙帕納斯大樓	名勝	蒙帕納斯	P85	P14A2
□蒙帕納斯博物館	博物館	蒙帕納斯	P84	P14A2
□蒙帕納斯墓園	墓園	蒙帕納斯	P84	P14A3
□蒙馬特博物館	博物館	蒙馬特	P86	P25C2
□蒙馬特墓園	墓園	蒙馬特	P87	P24A2
□拉侯什別墅(現為柯比意基金會)	舊宅邸	帕西	P130	P2A3
□盧森堡公園	公園	聖日耳曼德佩	P81	P10B4
□柯比意公寓與工作室	名勝	巴黎西部	P130	P2A3
□羅浮宮博物館	博物館	羅浮宮	P67、116	P10B2
□羅丹博物館	博物館	艾菲爾鐵塔周邊	P123	P9D3
□浪滑牛活博物館	博物館	蒙馬特	P123	P6B1

□想去的地方打個 ✓　　■去過的地方塗黑

觀光景點

名稱	類型	區域	頁碼	別冊①MAP
☐A.Simon	廚房用品	夏特雷—磊阿勒	P51	P11C1
☐Avril Gau	皮革製品	聖日耳曼德佩	P81	P21D3
☐Astier de Villatte	餐具	聖多諾黑街	P50	P19C4
☐Annick Goutal	香水	聖日耳曼德佩	P44	P21C3
☐Alexandra Sojfer	傘具	聖日耳曼德佩	P39	P20A1
☐ANSHINDO PARIS ROLEX	珠寶首飾	歌劇院	P71	P19C3
☐Entrée des Fournisseurs	手工藝用品	瑪黑區	P47	P23C3
☐Vanessa Bruno	流行時尚	聖多諾黑街	P72	P18B4
☐Ultramod	手工藝用品	歌劇院	P46	P19D2
☐Hédiard	食品	歌劇院	P70	P18B2
☐Eyrolles	書店	拉丁區	P82	P11C4
☐Aurélie Bidermann	飾品	聖日耳曼德佩	P37	P20B2
☐Au Soixante	雜貨	聖路易島	P42	P12A4
☐Au Petit Bonheur la Chance	雜貨	瑪黑區	P43	P12A3
☐Carrefour Market	超市	聖日耳曼德佩	P62	P21D2
☐Caron	香水	香樹麗舍	P44	P5C4
☐Kilo Shop	流行時尚	瑪黑區	P26	P22A3
☐Claudie Pierlot	流行時尚	瑪黑區	P76	P23C3
☐Goyard	包飾	聖多諾黑街	P72	P19C4
☐Colette	精品店	聖多諾黑街	P41	P19C4
☐Comptoir de Famille	家飾用品	聖日耳曼德佩	P42	P21C3
☐Comptoir de la Gastronomie	食品	夏特雷—磊阿勒	P75	P11C1
☐Centre Commercial	流行時尚	聖馬丁運河	P28	P17B3
☐Si Tu Veux	雜貨	歌劇院	P58	P19D3
☐Cire Trudon	蠟燭	聖日耳曼德佩	P42	P21C3
☐Gien	餐具	歌劇院	P50	P18B1
☐Shakespeare and Company	書店	拉丁區	P129	P11D4
☐Citypharma	藥妝店	聖日耳曼德佩	P63	P21C3
☐Gibert Joseph	書店	拉丁區	P82	P11C4
☐Jack Gomme	包飾	夏特雷—磊阿勒	P75	P11C1
☐Spree	流行時尚	蒙馬特	P29	P24B3
☐Césaire	包飾	聖多諾黑街	P73	P18B3
☐Sessùn	流行時尚	巴士底	P79	P13C3
☐Servane Gaxotte	飾品	聖日耳曼德佩	P37	P20B2
☐So We Are	流行時尚	巴士底	P79	P13C3
☐Des Petits Hauts	流行時尚	瑪黑區	P76	P23C3
☐Diptyque	香水	拉丁區	P45	P11D4
☐Durance	香水	歌劇院	P45	P18B2
☐Deyrolle	標本	聖日耳曼德佩	P129	P20A1
☐Tout Noté	文具	拉丁區	P49	P15D1
☐Naturalia	超市	瑪黑區	P64	P23D4
☐Papier Tigre	文具	瑪黑區	P49	P23D1
☐Pain D'épices	玩具	歌劇院	P59	P7C3
☐Pixi & Cie	模型雜貨	聖日耳曼德佩	P81	P21C2
☐Publicis Drugstore	複合設施	香樹麗舍	P68	P4B3
☐Fifi Chachnil	女用內衣	聖多諾黑街	P73	P19C4
☐Fauchon	食品	歌劇院	P70	P18B2
☐Boutique de Moulin Rouge	紅磨坊商品	蒙馬特	P126	P24A3
☐Fragonard	香水	羅浮宮	P23	P10B2
☐Francine Dentelles	流行時尚	瑪黑區	P27	P12A4
☐French Trotters	流行時尚	瑪黑區	P27	P23D1
☐Florame	香水	聖日耳曼德佩	P45	P21D3
☐BHV百貨	百貨公司	瑪黑區	P61	P22A3
☐Pop Market	雜貨	聖馬丁運河	P90	P17B2
☐Polder	流行時尚	聖日耳曼德佩	P29	P21D3
☐Bonton	精品店	瑪黑區	P41	P23D1
☐Bonbon Watch	手錶	香樹麗舍	P68	P5C4
☐Maje	流行時尚	瑪黑區	P26	P22B3
☐Maille	芥末醬	歌劇院	P53	P18B2
☐Mademoiselln Bio	有機美妝品	瑪黑區	P64	P22B3
☐Maison Fabre	手套	羅浮宮周邊	P38	P19D4
☐Mes Demoiselles⋯	流行時尚	瑪黑區	P28	P23C1
☐Merci	精品店	瑪黑區	P40	P23D2
☐Mélodies Graphiques	文具	瑪黑區	P48	P22B4
☐Monastica	雜貨	瑪黑區	P43	P22B4
☐Monoprix	超市	歌劇院	P62	P19C3
☐La Galerie de l'Opéra	歌劇・芭蕾商品	歌劇院	P21	P19C1
☐La Chambre aux Confitures	果醬	瑪黑區	P52	P23C2
☐La Cerise sur le Chapeau	帽子	聖日耳曼德佩	P38	P20B4
☐La Tuile à Loup	餐具	拉丁區	P51	P15D2
☐La Droguerie	手工藝用品	夏特雷—磊阿勒	P47	P11C1

購物

索引

157

名稱	類型	區域	頁碼	別冊①MAP
□L'ile Flottante	雜貨	聖路易島	P89	P12A4
□Le Comptoir	手工藝用品	歌劇院	P46	P7C2
□Le Jardin d'Olaria	園藝用品	聖日耳曼德佩	P43	P11C4
□Le 66	流行時尚	香榭麗舍	P68	P5C3
□Loulou Addict	雜貨	巴士底	P78	P13C3
□Les Abeilles	蜂蜜	巴黎南部	P52	P3C4
□Les Invasions Ephémères	雜貨	瑪黑區	P23	P23D1
□Les Néréides	飾品	夏特雷－磊阿勒	P36	P11D1
□Les Fées	雜貨	瑪黑區	P77	P23C1
□Les Fleurs	雜貨	巴士底	P78	P13C4
□L'Ecritoire	文具	夏特雷－磊阿勒	P48	P22A2
□Repetto	鞋	歌劇院	P39	P19C2
□Réunion des Musées Nationaux (橘園美術館內)	博物館商品	羅浮宮周邊	P120	P18A4
□Réunion des Musées Nationaux (奧賽博物館內)	博物館商品	聖日耳曼德佩	P120	P10A2
□Réunion des Musées Nationaux (羅浮宮博物館內)	博物館商品	羅浮宮	P119	P10B2
□Laurent Dubois	乳酪	拉丁區	P53	P11D4
□凡夫跳蚤市場	跳蚤市場	巴黎南部	P55	P2B4
□聖保羅村	跳蚤市場	瑪黑區	P55	P12A3
□郵票市集	市集	香榭麗舍	P57	P5C3
□薇薇安拱廊街	拱廊街	歌劇院	P58	P19D3
□老佛爺百貨公司	百貨公司	歌劇院	P60	P19C1
□聖圖安跳蚤市場 (克里尼昂古爾市場)	跳蚤市場	巴黎北部	P54	P3C1
□塞納河左岸古書市集	市集	拉丁區	P57	P11D4
□茄浮華拱廊街	拱廊街	歌劇院	P59	P7C3
□全景拱廊街	拱廊街	歌劇院	P59	P7C3
□花市・鳥市	市集	西堤島	P88	P11D3
□春天百貨 巴黎奧斯曼旗艦店	百貨公司	歌劇院	P60	P18B1
□阿里格市場	市場	巴士底	P56	P13C4
□紅孩兒市場	市場	瑪黑區	P56	P23C1
□巴士底市集	市場	巴士底	P57	P12B3
□哈斯拜爾有機市場	市場	聖日耳曼德佩	P57	P20A4
□樂蓬馬歇百貨	百貨公司	聖日耳曼德佩	P61	P20A3

名稱	類型	區域	頁碼	別冊①MAP
□A La Mère de Famille	巧克力	艾菲爾鐵塔周邊	P99	P9C3
□Angelina (Rivoli店)	糕點店	羅浮宮周邊	P93	P18B4
□Itinéraires	法國菜	拉丁區	P83	P11D4
□Vivant Cave	酒窖餐廳	歌劇院	P111	P7D2
□Water Bar	咖啡館	聖多諾黑街	P41	P19C4
□Epicure	法國菜	香榭麗舍	P108	P5D3
□Épure	酒窖餐廳	聖日耳曼德佩	P111	P21D2
□Au Pied de Cochon	小酒館	夏特雷－磊阿勒	P106	P11C1
□Caillebotte	小餐館	歌劇院	P34	P7C2
□Gateaux Thoumieux	糕點店	艾菲爾鐵塔周邊	P31	P9C2
□Café Jacquemart-André	茶點沙龍	香榭麗舍	P102	P5C2
□Café Marly	咖啡館	羅浮宮	P119	P10B1
□Café Mollien	咖啡館	羅浮宮	P119	P10B2
□Carette	茶點沙龍	帕西	P102	P8A1
□Crêperie Suzette	可麗餅	瑪黑區	P33	P23C3
□Crêperie de Josselin	可麗餅	蒙帕納斯	P85	P14A2
□Chez Prune	咖啡館	聖馬丁運河	P90	P17B3
□Chez Marianne	小吃	瑪黑區	P77	P23C3
□Gérard Mulot	糕點店	聖日耳曼德佩	P114	P21C3
□Jacques Genin	巧克力	瑪黑區	P95	P12B1
□Jean-Charles Rochoux	巧克力	聖日耳曼德佩	P96	P20B4
□Jean-Paul Hévin	巧克力	聖安諾黑街	P72	P19C4
□Sur Mesure par Thierry Marx	法國菜	聖多諾黑街	P109	P18B3
□Julien	小酒館	歌劇院	P107	P7D3
□Stohrer	糕點店	夏特雷－磊阿勒	P93	P11D1
□Sésame	有機咖啡館	聖馬丁運河	P90	P17B3
□Sébastien Gaudard	糕點店	歌劇院	P30	P7C1
□Dalloyau	糕點店	香榭麗舍	P93	P5C3
□Debauve & Gallais	巧克力	聖日耳曼德佩	P96	P20B1
□Baillardran	可麗露	歌劇院	P70	P19C2
□Passage 53	法國菜	歌劇院	P109	P7C3
□Pâtisserie Sadaharu Aoki	糕點店	聖日耳曼德佩	P92	P14B1
□Patrick Roger	巧克力	歌劇院	P95	P18A2
□Pierre Hermé	糕點店	聖日耳曼德佩	P92	P21C3
□Bistrot Paul Bert	小餐館	巴士底	P104	P13D4
□Fouquet's	咖啡館	香榭麗舍	P68	P4B3
□Frank Kestener	巧克力	拉丁區	P97	P15C1
□François Pralus	巧克力	瑪黑區	P97	P22B1

□想去的地方打個 ✓　■去過的地方塗黑

名稱	類型	區域	頁碼	別冊①MAP
Breizh Café	法式薄餅	瑪黑區	P33	P23C2
Frenchie Bar à Vins	酒窖餐廳	歌劇院	P110	P7D4
Berthillon Salon de Thé	冰淇淋	聖路易島	P89	P12A4
Pause Café	咖啡館	巴士底	P79	P13C3
Hôtel Daniel	茶點沙龍	香榭麗舍	P103	P5C3
Popelini	糕點店	瑪黑區	P77	P23D1
Poilâne	麵包店	聖日耳曼德佩	P112	P20B3
Poilâne Cuisine de Bar	咖啡館	瑪黑區	P76	P23D1
Mariage Frères	茶點沙龍	瑪黑區	P103	P22B3
Michel Chaudun	巧克力	艾菲爾鐵塔周邊	P97	P9C2
Mini Palais	法國菜	香榭麗舍	P69	P5C4
Maison Georges Larnicol	糕點店	瑪黑區	P77	P23C4
Masion Boissier	糕點店	帕西	P93	P16A1
Mon Vieil Ami	法國菜	聖路易島	P89	P11D4
Hugo & Victor	糕點店	聖日耳曼德佩	P30	P20A3
Used Book Café	咖啡館	瑪黑	P40	P23D2
La Cantine du Troquet Dupleix	巴斯克菜	艾菲爾鐵塔周邊	P105	P8A4
La Patisserie des Rêves	糕點店	帕西	P31	P16B1
La Patisserie by Cyril Lignac	糕點店	香榭麗舍	P30	P4B4
La Fontaine de Mars	小餐館	艾菲爾鐵塔周邊	P104	P8B2
Le Brasserie de l'Isle Saint-Louis	小酒館	聖路易島	P107	P11D3
La Perle	咖啡館	瑪黑區	P77	P23C2
La Maison Kayser	麵包店	拉丁區	P113	P11D4
La Masion du Chocolat	巧克力	香榭麗舍	P96	P4B3
L'Avant Comptoir	酒窖餐廳	聖日耳曼德佩	P110	P21D3
Lazare	小餐館	歌劇院	P34	P6A2
Racines	法國菜	歌劇院	P59	P7C3
Ladurée（Royale本店）	糕點店	歌劇院	P23、92	P18A3
Le Grand Café	小酒館	歌劇院	P106	P19C2
La Grenier à Pain	麵包店	蒙馬特	P113	P24B3
Le Consulat	小餐館	蒙馬特	P87	P24B2
La Comptoir du Relais	小餐館	聖日耳曼德佩	P105	P21D3
La Chateaubriand	小餐館	聖馬丁運河	P105	P17B3
Le Chocolat Alain Ducasse Manufacture à Paris	巧克力	聖日耳曼德佩	P94	P21C2
Le Buisson Ardent	小餐館	拉丁區	P83	P15D1
Le Procope	法國菜	聖日耳曼德佩	P81	P21D3
Le Bonbon au Palais	糖果	拉丁區	P99	P15D1
Le Moulin de la Galette	創意法國菜	蒙馬特	P87	P24B2
Le Meurice Alain Ducasse	法國菜	羅浮宮周邊	P108	P18B4
Le Restaurant	法國菜	聖日耳曼德佩	P120	P10A2
Legrand Filles et Fils	葡萄酒吧	歌劇院	P58	P19D3
Les Gourmandises de Nathalie	糖果	艾菲爾鐵塔周邊	P98	P2B3
L'Éclair de Génie	糕點店	瑪黑區	P31	P23C3
Restaurant Kei	法國菜	夏特雷・磊阿勒	P109	P11C1
Régis Colin	麵包店	歌劇院	P112	P7C4
Les Bonbons	糖果	蒙帕納斯	P98	P14B2
Les Marquis de Ladurée	巧克力	聖多諾黑街	P94	P18B3
Rose Bakery	熟食	瑪黑區	P114	P23C1
L'Opera Restaurant	法國菜	歌劇院	P21	P19C1
圓頂咖啡館	咖啡館	蒙帕納斯	P32	P14A2
圓亭咖啡館	咖啡館	蒙帕納斯	P101	P14B2
菁英咖啡館	咖啡館	蒙帕納斯	P101	P14B2
雙叟坊咖啡館	咖啡館	聖日耳曼德佩	P100	P21C2
雙磨坊咖啡館	咖啡館	蒙馬特	P128	P24A3
花神咖啡館	咖啡館	聖日耳曼德佩	P32	P20B2
和平咖啡館	咖啡館	歌劇院	P100	P19C2
Au Lapin Agile	歌廳	蒙馬特	P87	P24B2
Mugler Follies	夜總會	聖馬丁運河	P127	P17A3
巴士底歌劇院	劇院	巴士底	P127	P12B4
瘋馬秀	夜總會	香榭麗舍	P127	P4B4
紅磨坊	夜總會	蒙馬特	P126	P24A3
麗都	夜總會	香榭麗舍	P127	P4B3

餐廳・咖啡館・甜點店・麵包店

夜間娛樂

索引

時尚・可愛・慢步樂活旅

ララチッタ

PARIS

國家圖書館出版品預行編目（CIP）資料

巴黎 / JTB Publishing, Inc.作 ；
許懷文翻譯. ── 第一版. ── 新北市：
人人，2015.07
面；公分. ──（叩叩世界系列 ; 1）
ISBN 978-986-461-002-0（平裝）
1.旅遊 2.法國巴黎

742.719   104010457

WHH

【 叩叩世界系列 1 】

巴黎

作者／JTB Publishing, Inc.
翻譯／許懷文
編輯／潘涵語
發行人／周元白
排版製作／長城製版印刷股份有限公司
出版者／人人出版股份有限公司
地址／23145 新北市新店區寶橋路235巷6弄6號7樓
電話／（02）2918-3366（代表號）
傳真／（02）2914-0000
網址／http://www.jjp.com.tw
郵政劃撥帳號／16402311 人人出版股份有限公司
製版印刷／長城製版印刷股份有限公司
電話／（02）2918-3366（代表號）
經銷商／聯合發行股份有限公司
電話／（02）2917-8022
第一版第一刷／2015年7月
第一版第二刷／2016年5月
定價／新台幣400元

日本版原書名／ララチッタ パリ
日本版發行人／秋田　守
Lala Citta Series
Title: PARIS
Copyright © 2014 JTB Publishing, Inc.
All rights reserved
First published in Japan in 2014 by JTB Publishing, Inc. Tokyo
Chinese translation rights arranged with JTB Publishing, Inc.
through CREEK & RIVER Co., Ltd. Tokyo
Chinese translation copyrights © 2015 by Jen Jen Publishing Co., Ltd.

Find us on
人人出版・人人的伴旅

人人出版好本事
提供旅遊小常識＆最新出版訊息
回答問卷還有送小贈品
部落格網址：http://www.jjp.com.tw/jenjenblog/